Manuel Pratique
de
MAGIE ROUGE

MANUEL PRATIQUE DE MAGIE ROUGE

LUDVIG PRINN

Table des matières

PREMIÈRE PARTIE

LA MAGIE ROUGE

Ah l'amour! Qui ne veut pas d'un peu d'amour dans sa vie? Même les personnes prétendant qu'elles sont bien en étant seules, au plus profond d'elles-mêmes, savent que l'amour est une force trop souvent impalpable et que les instants de palpitation que ce sentiment procure lorsque l'on est face à face avec une personne qui nous attire est plus que souvent anévrismal.

Qu'est-ce que la *Magie Rouge*? C'est un moyen de combler tous les maux affectifs et tous les appétits charnels. C'est une désignation populaire pour référer à la magie de l'amour, de la passion et de la sexualité. Qui peut la pratiquer? Nous tous. Vous y compris.

Dans ce guide pratique de magie, tous les rituels, envoûtements et charmes ont été conçus pour vous aider à gérer toutes les situations du cœur, les causes amoureuses, le couple, la solitude chronique, les amants et même ceux qui ne savent pas comment vous aimer.

Vous devez savoir être très prudent. Parfois, plus souvent qu'autrement, un charme aussi simple soit-il éveillera des forces beaucoup plus grandes et terribles que vous ne pourriez l'imaginer. N'essayez pas les rituels de ce livre pour voir s'ils sont efficaces. *Ils le sont.*

À partir de maintenant, vous pouvez prendre en charge votre vie amoureuse et devenir un véritable praticien de la Magie Rouge. Osez le pouvoir... il est tout juste à portée de main.

Ludvig Prinn
Nettesheim,
Allemagne
Mai 1985

LA LOI DU RETOUR

Vous êtes sûrement au courant de l'existence de cette loi du karma. On la nomme aussi « le choc en retour » ou parfois même « la loi du boomerang ». Peut-être en avez-vous déjà entendu parler, mais jusqu'à quel point la connaissez-vous? Savez-vous exactement quelles sont toutes les conséquences possibles de votre magie? Si oui, tant mieux. Si par contre vous n'êtes pas tout à fait certains, lisez attentivement ce qui suit, car ces informations vous seront des plus précieuses quant à la magie de l'amour.

LA LOI DE TROIS

Toute action amène une réaction, tangible ou invisible. Ce n'est pas parce que l'on ne voit guère une chose qu'elle n'existe pas. Ce que vous faites vous reviendra par trois fois un jour ou l'autre d'une manière positive ou négative, dans cette vie ou dans une autre. Méditez sur cette phrase: *Une aiguille ne peut tomber sans en bouleverser tout l'Univers.* Vous vous demandez ce que cela signifie? L'Univers (ou les plans subtils d'existence) est très sensible. Une simple pensée va avoir sa contrepartie dans un autre plan: le plan mental. Toutes les pensées y sont reliées. Quand une pensée est crée, sa forme apparaît et soit:

1) Elle naît dans le plan mental, ou
2) Elle se rattache à une forme déjà existante qui exprime cette pensée.

Par exemple, faites cet exercice; pensez pendant quelques instants à un arbre. Voilà. Cet arbre existe maintenant dans le plan mental. Évidemment, la force déployée à la création de cet arbre fût minime, ainsi en sera-t-il pour votre arbre mental. Pensez maintenant à l'amour que vous aimeriez obtenir. Qu'allez-vous faire? Vous allez visualiser une scène qui exprime cette idée, ce désir. Cette pensée, ce sentiment, sera concret de « l'autre côté ». Il pourra même avoir une certaine forme quelconque. Votre pensée (ou désir intense) est là, et elle pourra être captée par d'autres également, de même que vous, consciemment ou inconsciemment, vous captez les pensées de d'autres personnes en retour.

Concrètement en ce qui a trait à la magie d'amour en retenant ce qui vient d'être expliqué, si vous lancez un charme en n'indiquant point de personne précise, une possibilité de résultat serait qu'une personne inconnue vienne à vous avec de bonnes intentions amoureuses à votre égard. Retenez donc ceci: *Tout ce que vous créez vous sera débité par trois fois.* Si vous projetez du positif, vous récolterez du positif. Cependant, si vous projetez du négatif, négatif alors vous recevrez.

LE PIÈGE

En magie d'amour, il est malheureusement très facile de tomber dans le piège de la *magie noire.* Pensez maintenant à ceci: Je veux qu'un tel ou une telle m'aime. Quand une personne intervient dans le schème de vie d'une autre personne (dans le contexte de la magie), elle commet une pression contre le libre arbitre de celle-ci. Elle influence ses pensées et ses désirs qui lui sont propres, le tout pour assouvir des besoins égocentriques qui peuvent s'avérer parfois ne pas êtres toujours aussi évidents à discerner. Qu'arrive-t-il dans ce cas là? Vous interférerez avec la liberté d'autrui. Dans l'éventualité que votre sort fonctionne, que la personne visée tombe amoureuse de vous, vous aurez créé un « piège » pour prendre cette personne. C'est-à-dire que la personne (la cible vers laquelle vos pensées ont été émises) aura reçu votre pensée-désir et l'aura assimilé pensant que cela venait d'elle-même, prenant votre désir pour le sien. En agissant de la sorte, vous aurez commis une faute karmique dont vous vous devrez de vous acquitter un jour ou l'autre d'une manière quelconque.

Par contre, si votre sort ne semblait point vous apporter les résultats escomptés, vous pourriez vous-même vous prendre au piège! Car retenez que vos pensées maintenant réelles dans le plan mental peuvent revenir vers vous dans le cas ou elles manqueraient leur cible. Or, vous les ressentez et sombrez dans un désespoir qui pourrait ne sembler avoir de fin, car vous voilà maintenant trois fois plus amoureux de cette personne qu'auparavant!

Certains sorciers et sorcières utilisent une plante ou un animal pour rediriger vers eux le choc en retour possible, évitant ainsi de passer à la planche. Vous pourrez toujours essayer d'en faire ainsi vous aussi, si le coeur vous en dit.

Si vous décidez de ne reculer devant rien, vous pouvez jeter un charme sur la personne de votre choix, celle qui fait battre votre coeur nuit et jour. Mais retenez qu'en agissant contre le *libre arbitre* d'une tierce personne, vous serez à découvert contre la loi karmique et celle du retour. Quoique, *qui ne risque rien n'a rien!*

LES PURIFICATIONS

Comme un artiste peintre choisi un endroit tranquille en campagne pour travailler et peindre un tableau loin de toutes les distractions de la ville, vous devrez vous aussi préparer votre temple (ou l'endroit où vous pratiquez la magie), de façon à ce que ce lieu soit propice à la pratique de votre art. C'est-à-dire qu'il y a de fortes chances que des Entités ou que quelques formes d'énergies quelconques puissent être présente dans la pièce à tout moment. Elles ne sont pour autant menaçantes ou malintentionnées, mais elles pourraient tout de même vous gêner pendant vos rituels. Vous ne désirez sûrement pas voir une présence extérieure, laquelle d'ailleurs vous n'auriez guère appelé, influencer et interférer dans tous vos sortilèges et charmes, n'est-ce pas?

Vous aurez donc à purifier votre temple pour chasser ces influences qui ne sont point requises, de même que les influences négatives et invisibles qui y résident. En d'autres termes, avant de conduire un rituel, vous devrez faire le grand ménage! Il existe de nombreuses manières d'y parvenir. La manière qui vous sera enseignée ici est utilisée depuis fort longtemps par les sorciers et sorcières: la purification par l'eau et le feu.

Vous avez sans doute déjà entendu parler de cette méthode. Mais vous savez, même dans ce type de purification, vous pouvez y retrouver plusieurs variantes. En voici donc une qui a été mise à l'épreuve et qui s'est avérée, depuis la nuit des temps, très efficace.

RITUEL DE PURIFICATION

Matériel requis:

- Une coupe d'eau
- Une assiette de sel

Versez dans une coupe remplie d'eau fraîche une poignée de sel de table. Comme les grains de sel touchent la surface de l'eau, visualisez qu'un éclair blanc jaillissant de la coupe inonde la pièce. Cela représente la lumière purificatrice. Dites au même moment:

Eau et Terre, eau et sel, l'obscurité est chassée par la lumière.

Rendez-vous à l'Est de la pièce et à partir de ce point, faites-en trois fois le tour dans le sens des aiguilles d'une montre, aspergeant un peu d'eau à chaque fois que vous passerez devant un point cardinal en trempant le bout de vos doigts dans la coupe. Vous pouvez aussi répéter la phrase tout en déambulant lentement dans la pièce. Faites à votre guise.

Ensuite, prenez un encens de bonne qualité et dites en l'allumant:

Feu et Air, fumée et air, l'astral et le mental sont purs er clairs.

Rendez-vous à l'Est de la pièce et à partir de ce point, faites-en trois fois le tour dans le sens des aiguilles d'une montre, soufflant sur la fumée à chaque fois que vous passerez devant un point cardinal. Comme alternative si le coeur vous en dit, vous pourriez par exemple tracer un pentagramme à chaque point cardinal. Ici encore, vous pourrez répéter la phrase tout en déambulant. Quand vous aurez fait vos trois derniers tours, revenez au centre de la pièce et dites à peu près dans ces mots:

Mon Temple magique est purifié, cela est fait!

Vous aurez peut-être tendance à croire que ce petit rituel est très simpliste. En effet, je ne peux vous le cacher, il l'est. Par contre n'allez surtout pas sous-estimer sa puissance! Il est parfait dans son rôle de purificateur: rapide à effectuer, simple à mémoriser, peu complexe et ne demande que deux accessoires. En l'espace de quelques secondes, vous arriverez à purifier votre pièce de travail, votre temple dédié à toutes vos opérations de magie rouge.

Donc, par cet acte vous avez nettoyé votre espace de travail de toutes les influences non nécessaires. Il est recommandé d'adopter un type de purification comme celui-ci à utiliser avant chaque rituel que vous ferez à l'avenir.

Les cercles magiques des opérations de Vénus & Mars

Nous allons voir maintenant trois façons de préparer les rituels amoureux. Le cercle magique sera la première étape concrète à faire (après les purifications) avant que vous procédiez au rituel même. Le cercle magique d'amour vous permettra de centrer toute votre énergie en son centre afin d'amplifier toute la puissance requise pour lancer vos charmes. Or, comme vous allez maintenant l'apprendre, même si le cercle est considéré comme une base, il peut être tracé de différentes manières. Voyons pour commencer trois différents types de cercle qui seront construit par analogies.

- Analogie Divine - le cercle est basé sur les correspondances des divinités à invoquer.
- Analogie Planétaire - la couleur du cercle est associée à la planète; Vénus ou Mars.
- Analogie élémentaire - le cercle élémentaire, cercle d'Eau et/ou de Feu.

Voici à présent quelques explications quant aux différents cercles mentionnés.

Analogie Divine

Ce cercle est basé essentiellement sur la divinité que vous invoquerez dans votre rituel. Autrement dit, si par exemple vous faites un rituel qui demande la présence d'Aphrodite, vous utiliserez cinq bougies vertes (ou la couleur correspondante à toute autre divinité), lesquelles seront gravées du nom de la divinité que vous placerez au sol, une à chaque point cardinal. La cinquième bougie sera disposée sur votre autel.

Analogie Planétaire

Ce cercle est construit en correspondance avec la planète prédominante dans le rituel. Il est utilisé en général pour les rituels qui ne requiert guère le concours d'une divinité. On peut donc dire que ce sera le cercle standard en magie d'amour. Les cinq bougies utilisées seront de couleur vertes pour Vénus et rouges pour Mars.

Analogie Élémentaire

Le cercle élémentaire, comme son nom l'indique est construit en accord avec l'Élément que vous travaillerez. L'Élément Eau prédomine les sentiments et l'amour, tandis que l'Élément Feu prédomine la volonté, la force et l'envie sexuelle. Vous utiliserez cinq bougies (bleu pour l'Eau et rouge pour le Feu), lesquelles seront placées au sol, face aux quatre point cardinaux tandis que la cinquième sera sur votre autel.

TRACER LE CERCLE MAGIQUE

Il y a une conception que vous devez retenir eu égard aux cercles magiques. Sachez que le cercle dans lequel vous vous tiendrez ne signifie pas seulement un moyen de protection, ni une lentille pour y conserver l'énergie produite pendant le rituel. En son centre, vous deviendrez la représentation d'un tout, l'Un. La perfection dans la perfection, le microcosme dans le macrocosme. Également, le cercle *physiquement* tracé sur le sol agit comme support mental. Ce qui veut dire que, oui, vous pourriez vous passer de le dessiner mais en autant que puissiez le visualiser en tout temps.

Pour commencer, assurez-vous de disposer d'un espace assez grand pour y tracer un cercle d'environs sept pieds de diamètre. Si vous disposez d'un athamé ou d'une baguette magique, utilisez l'un ou l'autre, sinon l'index de votre main droite fera très bien l'affaire. Si vous voulez utiliser un ruban ou une craie pour délimiter votre cercle, alors faites-le dès maintenant. Ensuite, après avoir disposé tout votre matériel sur votre autel à l'intérieur du cercle physique, allez à l'Est.

Pointez vers le sol avec votre athamé ou autre. Commencez à tracer votre cercle mentalement en vous dirigeant dans le sens des aiguilles d'une montre, pour finir en revenant encore une fois à l'Est. Visualisez qu'à mesure que vos progressez, votre athamé laisse sur le sol une traînée de feu de la couleur respective au type de cercle que vous construisez. Essayez d'entendre le crépitement que font les flammes tout autour de vous.

À présent, allumez la cinquième bougie qui demeurera en tout temps sur votre autel. De cette bougie, allumez-en une seconde que vous irez porter de façon solennelle à l'extrémité intérieure du cercle à l'Est. Retournez derrière votre autel, (toujours en vous déplaçant dans le sens des aiguilles d'une montre). Allumez une autre bougie et ainsi de suite en continuant au Sud, l'Ouest, le Nord pour finir de nouveau derrière votre autel.

Votre cercle est à présent physiquement et mentalement tracé. Il ne vous reste plus qu'à le charger. Dépendant du type de cercle, vous allez maintenant canaliser l'énergie requise pour compléter le travail.

Concentrez-vous et visualisez que vous êtes au centre de l'Univers. Visualisez une grande sphère de lumière brillante et étincelante à quelques mètres devant vous. La couleur de cette sphère dépendra du type de cercle.

- *Cercle d'analogie divine:* créez un lien avec la divinité de votre choix (la sphère) en vous reliant à elle. Pensez aux aspects qu'elle représente.
- *Cercle d'analogie planétaire:* créez un lien avec la force Vénusienne ou Martienne. Pensez à l'amour ou au désir physique et sexuel.
- *Analogie élémentaire:* créez un lien avec l'Élément de votre choix. Visualisez ses aspects. (Eau : Humide et froid, Feu : chaud et sec).

Après quelques instants de méditation, dites à voix haute:

Je demande, ici et maintenant,
À la force (élémentale de..., Vénusienne, etc.)
D'être présent avec moi.
Je le demande, qu'il en soit ainsi.

Ne partez pas en peur, tout ce qui vient d'être décrit se fait rapidement avec de la pratique. Dix minutes tout au plus sera le temps nécessaire pour bien construire votre cercle des opérations de l'amour. Ne vous découragez surtout pas! Il faut savoir travailler pour arriver à ses fins...

Les dieux & déesses de l'amour

Depuis la nuit des temps, l'homme s'est entouré de multiples panthéons aux divinités les plus diverses les unes que les autres. Ces divinités possédaient et possèdent toujours des aspects bien précis pour aider les hommes à faire face aux causes humaines. Ils sont (et seront, fort probablement) toujours invoqués de nos jours que ce soit par la prière ou lors de rituels plus élaborés. À savoir si au début de tout ces divinités étaient de véritables Entités ou simplement des créations mentales de l'homme, cela n'importe guère maintenant. Car maintenant, ces Êtres existent bel et bien sous formes réelles ou en tant qu'*égrégores*. Ce que cela implique, c'est qu'ils sont là et peuvent répondre aux requêtes qui leur sont formulées... *Ils peuvent répondre à vos requêtes.* Nous pouvons tous puiser dans ces forces pour atteindre divers buts. Cela est exactement ce que vous ferez pour augmenter la puissance de vos rituels amoureux, favorisant ainsi du même coup et de beaucoup vos chances de succès. Il est exact de dire qu'il y a plusieurs dieux et déesses aux mêmes attributs, parfois même pratiquement identiques. Choisissez donc celui ou celle qui vous attire le plus. Allez-y selon votre intuition.

Les Déesses

Aphrodite: Ancienne déesse grecque de l'amour et de la beauté. Elle préside également sur l'amour des hommes, les mariages et le couple. Elle est représentée par de longs cheveux blonds, de beaux yeux bleus et avec la peau pâle. Elle est d'une beauté incroyable. Aphrodite est la déesse la plus invoquée dans les rituels performés par les praticiens de l'Art magique rouge.

Astarté: Ancienne déesse phénicienne de l'amour et de l'abondance. Elle symbolise tous les aspects du principe féminin, tout comme sa contre-partie Baal (Bael) symbolise le principe masculin. Elle est représentée parfois portant des robes de flammes ainsi qu'un arc et une épée.

Creirwy: Déesse Celtique de l'amour et de la beauté, fille de Keridwen (Cerridwen).

Erzulie: Déesse d'amour du panthéon vaudou. Elle préside à l'amour, la beauté et la féminité. Elle est efficace pour les causes de luxure. Elle est représentée comme étant une belle jeune femme portant plusieurs anneaux et colliers d'or. Son symbole est un coeur transpercé. Elle est la contrepartie d'Ogun, dieu du feu et de la guerre ainsi que d'Agwe, le dieu des mers.

Esmeralda: Déesse d'Amérique du sud présidant sur la beauté et l'amour. Le vert émeraude est sa couleur et l'émeraude est sa pierre d'amour dé-diée.

Freya: Déesse scandinave de l'amour, beauté et de la guérison. Elle est la contrepartie du dieu-sloeil Odur. Elle est représentée comme étant une superbe femme blonde aux yeux bleus voyageant dans les airs sur un chariot. L'ambre est sa pierre tandis que les chats sont ses symboles ainsi que ses familiers.

HABONDIA: Déesse des sorciers et sorcières. Connu comme la dame des délices, elle porte aussi d'autres noms tels que: Diane, Hécate, Ariadne, Ariane, Hérodias. Elle est la Déesse Lunaire et préside aussi à l'amour. Elle est vêtue d'habits d'argent, sa longe et soyeuse chevelure flottant dans la nuit. Elle porte une couronne de fleurs et de tiges de blé. Elle a une colombe à la main droite.

Inanna: Ancienne déesse sumérienne de l'amour et de la guerre. Elle fût par la suite identifiée par les Babyloniens comme Ishtar.

Ishtar: Grande figure du panthéon babylonien présidant sur deux aspects principaux. Premièrement; l'amour et la fertilité. Elle est très compatissante, douce, tendre et amoureuse. Le second aspect d'Ishtar est celui de la déesse de la guerre. Cruelle, agressive et terrifiante.

Kades: Ancienne déesse d'amour, de beauté et de sexualité. Elle est représentée comme une belle femme nue chevauchant un lion et tenant des serpents dans les mains.

Vénus: Cette ancienne déesse romaine de l'amour et de la beauté représente la sexualité, la fertilité ainsi que la prospérité. Elle symbolise également le charme, la beauté suprême et le désir profond. Elle a comme symbole la colombe, le cygne, le dauphin et la rose. Vénus est l'une des déesses les plus connues et des plus invoquées.

Les Dieux

Amor: Dieu romain de l'amour érotique. Il influence sur la psyché des gens, l'emplissant de pensées d'amour et de passions.

Angus: Dieu celtique d'amour et de beauté, patron des jeunes. Il est reconnu pour sa chevelure dorée et son physique. De sa harpe il joue de douces mélodies et ses baisers se transforment en oiseaux étincelants qui volent au-dessus des jeunes couples.

Bes: Ancien dieu égyptien du mariage à l'apparence d'un nain portant une barbe et portant un couvre-chef en plumes d'autruches. Il est le patron de la danse, de la musique. Il est protecteur des femmes enceintes et des rêves.

CERNUNNOS: Dieux des sorciers et sorcières, il a une apparence mi-humaine, comme Pan. Il a des sabots qui foulent le sol des forêts. Son phallus en érection et ses yeux brillent dans la nuit, il préside aux rituels amoureux et à tendance sexuelle.

Éros: Représenté dans la mythologie comme l'une des forces primaires de la nature, ce dieu grec préside à l'amour érotique. Il est représenté comme un jeune homme ailé aux cheveux dorés et bouclés.

Hyacinthus: Dieu invoqué généralement par les sorciers et sorcières gais, justement dû à ses attributs face à l'amour gai.

Hymen ou Hymenaeus: Dieu des mariages et des festins d'unions. Fondateur des droits du mariage. Il a l'apparence d'un jeune homme parfois ailé, aux cheveux dorés avec un visage aux traits féminins.

Kama: Dieu indou de l'amour et du désir. Il a reçu le présent de la jeunesse éternelle. Il est représenté comme étant un superbe jeune homme chevauchant un éléphant ayant en main son arc d'amour fait de canne à sucre avec ses flèches fleuries.

Xochipilli: Dieu aztèque de l'amour, du mariage, des fleurs, de la musique et de la jeunesse. Conjoint de la déesse Xochiquetzal, il est une figure importante du rite de la fertilité.

LES HERBES D'AMOUR

S'il existe en magie d'amour un médium utilisé plus que tous les autres, il s'agit bien des herbes et des plantes. Tous les sorciers et sorcières utilisent les fruits de la Terre-Mère; la nature et sa flore. Au moyen âge, quelques unes de ces herbes destinées aux charmes d'amour étaient souvent cueillies la nuit du 23 juin (veille de la St-Jean Baptiste). Idéalement, vous devriez cueillir vous-même et au moment propice les herbes et plantes que vous utilisez lors de vos rituels. Je vous recommande donc à cet effet de vous munir d'un livre traitant des plantes sauvages de la région de façon à ce que vous soyez en mesure d'identifier les différentes espèces qui arborent nos champs et forêts. Évidemment il n'est pas toujours possible de faire ainsi, surtout pendant la froide saison.

Or, si vous deviez vous procurer vos herbes par une tierce source, en les achetant dans une herboristerie ou toute autre source spécialisée par exemple, assurez-vous qu'elles soient des plus fraîches possibles. Dans le cas échéant, une légère consécration sera nécessaire avant de faire usage de vos achats. Un truc: l'utilisation de flacons à épices bien étiquetés, pour éviter la confusion dans votre cabinet d'herbes, s'avérera un bon investissement pour ranger tout vos simples à usage magique.

Dans le tableau suivant, vous trouverez quelques simples ou - herbes d'amour - dont vous aurez besoin lors de vos rituels amoureux. Ces herbes sont en majeure partie destinée à une utilisation externe. Vous remarquerez cependant que toutes les herbes d'amour peuvent être utilisées pour les oeuvres magiques à l'exception des philtres. Veuillez dès lors suivre cette consigne à la lettre. Pour une liste d'herbes propre à la consommation, veuillez vous référer à la section des philtres.

bardane	géranium rose	magnolia	rose
basilic	ginseng	mandragore	santal
bruyère	gui	marguerite	souci
cannelle	herbe-aux-chats	orchidée	thym
coriandre	iris (racine)	patchouli	tulipe
crocus	jasmin	quintefeuille	verge d'or
fenouil	laurier	primevère	verveine
fleurs d'oranger	lavande	racine d'Adam et Ève	violette
genévrier (baies)	lotus	radicelle	ylang-ylang

UTILISATION DES HERBES MAGIQUES

Les herbes du tableau précédent seront employées de différentes manières selon l'usage nécessaire. Vous les utiliserez fraîches ou sèches, sous forme complète, broyées ou en poudre, tout dépendant du type de travail que vous aurez à effectuer au moment voulu. Principalement, vous utiliserez les herbes et les fleurs pour garnir votre table-autel lors de rituels amoureux et de sentiments, pour confectionner vos sachets et oreillers magiques ou pour fabriquer vos poudres qui seront utilisées pour saupoudrer soit certains items à charmer lors de vos rituels ou les différentes pièces d'une maison ou d'un établissement. Vous pourrez aussi bien vous en servir comme élément bourratif pour remplir vos poupées d'amour ou en vue d'une macération potentielle dans le but de fabriquer des huiles magiques pour les opérations de Vénus et de l'amour.

Vous pouvez dès lors voir qu'une multitude de possibilités s'offrent à vous. Je vous encourage à l'expérimentation. Essayez plusieurs herbes, surtout celles qui évoquent en vous un fort désir d'amour. Vous verrez que souvent, ce seront ces mêmes herbes qui s'avéreront êtres les plus efficaces pour vous.

LES ENCENS D'AMOUR

Les encens d'amour ont toujours été reconnus comme étant l'un des composants les plus utiles lors de la pratique des rituels amoureux. Étant associés à l'Élément cosmique de l'Air, ils créent la vibration nécessaire dans la pièce de travail, ajustant la densité astrale au niveau requis. Cet ajustement des vibrations est essentiel et vous en aurez besoin pour tous les charmes d'amour et autres que vous ferez. En plus, la fumée est un agent intoxicant (non dans le sens de mortel!), qui ajustera votre mental, le rendant apte à s'aligner facilement sur la bonne longueur d'ondes pour pratiquer le rituel.

L'emploi des encens est très simple et ne requiert tout au plus qu'un encensoir (dans lequel vous mettrez au préalable un peu de sable dans le fond comme agent isolateur contre la chaleur pour ne pas brûler votre autel) et une pastille de charbon. C'est aussi simple que cela.

Les recettes que vous retrouverez plus loin sont reconnues auprès des sorciers et sorcières depuis fort longtemps et ont toujours apporté le succès lors d'une utilisation adéquate, tant pour les résultats potentiels qu'ils peuvent procurer, tant pour leur puissance. Cela dit, soyez toujours prudent lorsque vous utilisez les encens et faites-en bon usage.

À moins d'indication contraire, tous les encens sont composés en parties égales des herbes prescrites. Lorsque ce ne sera pas le cas, le nombre de parts sera spécifié entre parenthèses.

ASTARTÉ

- Santal
- Rose
- Huile d'orange ou fleurs d'oranger
- Jasmin

À brûler dans la pièce où les amoureux doivent se retrouver. Plaît aux bons esprits. Merveilleux pour les couples.

ATTRACTION

- Patchouli
- Verveine
- Cannelle
- Vétiver

Incite le sexe opposé à la passion.

CCC #1

- Patchouli (4)
- Vétiver (4)
- Lime (1)
- Laurier (1)

Pour se faire aimer selon votre volonté et à votre guise.

CCC #2

- Épices à steak
- Iris
- Patchouli
- Cannelle
- Bois de santal
- Girofle

Pour se faire aimer selon votre volonté et à votre guise.

CERNUNNOS

- Pin
- Santal
- Civette
- Valériane
- Musc
- Cannelle

- Armoise

Utilisé pour les invocations à Cernunnos ou dans tout charme ayant pour but de susciter un désir charnel. *(à utiliser avec précaution)*

CLÉOPÂTRE:

- Écorce de pin (2)
- Bois de santal (3)
- Iris (1)
- Patchouli (1)
- Myrrhe (1)
- Oliban (1)
- Base de bois (1)

Pour les problèmes reliés à l'amour. Pour l'attirance sexuelle. Aphrodisiaque.

CONTRÔLE:

- Girofle
- Vétiver
- Storax

Pour les rituels amoureux, pour contraindre un ou une partenaire à son désir de passion.

FEU D'AMOUR

- Patchouli
- Civette
- Musc

Attire les gens vers l'opérateur. Augmente également la sexualité.

FEU DES PASSIONS

- Patchouli
- Civette
- Musc
- Pin

Pour vous faire désirer plus passionnément. Élimine la résistance aux avances. Formule très puissante! *(à utiliser avec précaution)*

LA FLAMME

- Cannelle
- Galangal
- Laurier

Pour vous rendre plus excitant au sexe opposé. Une trop grande utilisation en présence de votre bien-aimé(e) pourrait susciter la possessivité et la jalousie. *(à utiliser avec précaution)*

MAÎTRE DU DÉSIR

- Cannelle
- Santal rouge
- Poivre de Cayenne

Utilisé pour gagner en puissance sur le sexe opposé ardemment désiré. *(à utiliser avec précaution)*

NUITS ARABES

- Santal
- Musc
- Myrrhe
- Épices à steak

Attire plusieurs nouveaux amis. Les gens vous trouveront plus stimulant et intéressant. Très bon pour les amours potentiels.

SÉPARATION

- Poudre de chili
- Cannelle
- Galangal
- Poivre noir
- Limaille de fer
- Vétiver

Utilisé pour séparer deux partenaire amoureux. Pour mettre un terme à une relation amoureuse.

TEMPLE ÉGYPTIEN

- Myrrhe
- Baume de Galaad
- Oliban
- Pelures d'orange

- Lotus

Agent purificateur, bannit les mauvaises influences et fait du temple magique un endroit sacré.

VÉNUS

- Lavande
- Camomille
- Cannelle
- Pétales de rose
- Musc
- Patchouli
- Iris

Pour les rituels amoureux sous les auspices de la planète Vénus.

VIENS À MOI

- Rose
- Jasmin
- Gardénia
- Feuilles de citron

Puissante recette d'attraction. Pour contraindre une personne étrangère à ressentir une forte attirance sexuelle ou amoureuse envers l'opérateur. *(à utiliser avec précaution)*

Notes à propos des rituels

Vous voilà fin prêt et décidé à agir pour apporter du nouveau dans votre vie? Vous désirez de l'amour et avez fait le choix que votre quête du bonheur passerait par l'usage de la magie? Excellent. Toutefois il y a certains détails que vous devez apprendre et maîtriser de manière à ce que le succès emprunte la voie qui est vôtre. Suivez scrupuleusement les conseils suivants et la victoire ne dépendra que de vous.

Quand procéder

Il y a trois choses simples que vous devez retenir; le jour, l'heure et la phase lunaire. Les opérations de l'amour et des sentiments seront pour la majeure partie du temps (à moins d'avis contraire) exécutées au jour dédié à l'amour, soit le Vendredi. Le Vendredi étant la journée régie et sous les auspices de la planète Vénus. Pour rendre vos charmes et rituels encore plus opérants, vous devriez suivre ce conseil: *« Oeuvrez à la bonne heure planétaire. »* C'est-à-dire qu'en plus de pratiquer un rituel au jour de Vénus par exemple, vous devriez aussi le faire pendant l'heure de Vénus. Ainsi, en baignant dans la bonne énergie propice aux causes de l'amour, vous mettrez tout en oeuvre pour réussir et atteindre vos buts les plus chers.

Cependant, en ce qui concerne les opérations de luxure, notamment celle de la sexualité, vous attendrez le moment où Jupiter sera en force, soit le Jeudi à l'heure de Jupiter. N'oubliez pas toutefois qu'il sera important de respecter la phase lunaire. Comme ces opérations sont en tant que telles positives, vous attendrez que la lune soit en phase croissante.

CALCULER LE MOMENT OPPORTUN

Chaque jour de la semaine est régi par une planète. Ces planètes régissent également les douze heures de la journée et les douze heures de la nuit à tour de rôle (24h en tout).

Heures	Dimanche	Lundi	Mardi	Mercredi	Jeudi	Vendredi	Samedi
1	Soleil	Lune	Mars	Mercure	Jupiter	Vénus	Saturne
2	Vénus	Saturne	Soleil	Lune	Mars	Mercure	Jupiter
3	Mercure	Jupiter	Vénus	Saturne	Soleil	Lune	Mars
4	Lune	Mars	Mercure	Jupiter	Vénus	Saturne	Soleil
5	Saturne	Soleil	Lune	Mars	Mercure	Jupiter	Vénus
6	Jupiter	Vénus	Saturne	Soleil	Lune	Mars	Mercure
7	Mars	Mercure	Jupiter	Vénus	Saturne	Soleil	Lune
8	Soleil	Lune	Mars	Mercure	Jupiter	Vénus	Saturne
9	Vénus	Saturne	Soleil	Lune	Mars	Mercure	Jupiter
10	Mercure	Jupiter	Vénus	Saturne	Soleil	Lune	Mars
11	Lune	Mars	Mercure	Jupiter	Vénus	Saturne	Soleil
12	Saturne	Soleil	Lune	Mars	Mercure	Jupiter	Vénus
13	Jupiter	Vénus	Saturne	Soleil	Lune	Mars	Mercure
14	Mars	Mercure	Jupiter	Vénus	Saturne	Soleil	Lune
15	Soleil	Lune	Mars	Mercure	Jupiter	Vénus	Saturne
16	Vénus	Saturne	Soleil	Lune	Mars	Mercure	Jupiter
17	Mercure	Jupiter	Vénus	Saturne	Soleil	Lune	Mars
18	Lune	Mars	Mercure	Jupiter	Vénus	Saturne	Soleil
19	Saturne	Soleil	Lune	Mars	Mercure	Jupiter	Vénus
20	Jupiter	Vénus	Saturne	Soleil	Lune	Mars	Mercure
21	Mars	Mercure	Jupiter	Vénus	Saturne	Soleil	Lune
22	Soleil	Lune	Mars	Mercure	Jupiter	Vénus	Saturne
23	Vénus	Saturne	Soleil	Lune	Mars	Mercure	Jupiter
24	Mercure	Jupiter	Vénus	Saturne	Soleil	Lune	Mars

Le nombre d'heures d'ensoleillement correspond au jour. Les heures sombres, celles de la nuit. Consultez un journal dans la section météo afin de déterminer ce nombre d'heures. Divisez le nombre d'heure d'ensoleillement par douze. Vous obtiendrez la durée qu'aura chaque heure planétaire de cette journée. Le calcul sera le même pour déterminer la durée des heures planétaires de la nuit, en utilisant le nombre d'heure de non ensoleillement. La planète qui régie la journée présidera sur la *première* et la *huitième* heure du jour ainsi qu'à la *quinzième* et *la vingt-deuxième* heure de la nuit.

ADOPTER LA BONNE ATTITUDE

Dans la pratique de l'Art magique, vouloir ou faire n'est pas assez. Quoique cela soit déjà un bon pas de fait, il faut tout de même y croire! Sachez que croire en vos capacités et aux forces occultes de la nature et de l'Univers est plus qu'important non seulement en magie d'amour, mais aussi bien dans la vie de tous les jours. Or, disons que vous vous apprêtez à conduire un rituel d'amour. Pendant le processus de préparation allant de l'achat de certains articles jusqu'au rituel même, vous devez adopter une attitude *positive et confiante*. Peut-être avez-vous déjà pratiqué un rituel qui ne vous a point semblé avoir fonctionné. Faites alors une introspective. Examinez-vous mentalement. Avez-vous déjà pensé à quelque chose de similaire à: *« Ah! Au pire si cela ne fonctionne pas, j'ai d'autres rituels pour arriver à mes fins. »* Ou pire encore en plein rituel: *« J'espère que ce rituel fonctionnera. »* Si cela ressemble d'une façon quelconque à vous, arrêtez immédiatement. Vous ne pourrez jamais accéder aux résultats escomptés si vous agissez de la sorte. Étant donné que toutes les pensées sont réelles dans le plan mental, vous auriez contribué vous-même à votre propre échec.

Il est vrai que parfois cela peut se produire sans même vraiment le vouloir. Nous sommes tous humains et quand une chose nous tient à coeur, nous pouvons tous un jour ou l'autre éprouver une certaine crainte de voir cette chose disparaître, nous amenant à créer du négatif inconsciemment. Vous pourrez néanmoins réussir en conservant une attitude positive en tout temps. Vous êtes fort et vainqueur et votre magie atteint toujours son but! *Domptez votre mental.* Voyez-le comme un muscle que vous vous apprêtez à entraîner. Avec le temps il deviendra fort et puissant, donc, vous serez plus en contrôle de vos pensées créatrices.

Voici un petit exercice que vous pourrez pratiquer à tout moment de la journée, que ce soit en allant au travail, en attendant l'autobus ou en faisant vos emplettes, etc. Si à un moment donné vous remarquez avoir mentalisé une pensée négative, annulez-la sur-le-champ en mentalisant deux pensées contraires positives. Cela vous semblera quelque peu anodin, mais ne vous leurrez pas, c'est une technique simple mais très efficace!

AGIR

N'attendez pas que les résultats vous tombent du ciel. Cela n'arrivera point. Vous connaissez la phrase: « aide-toi et le ciel t'aidera » ? Eh bien, en magie cela se passe de cette façon. Après avoir accompli un rituel d'amour, continuez le travail. Ne faites pas un charme d'amour pour en-suite aller vous cloître dans votre demeure en attendant un coup de fil. Il est vrai que votre magie mettra en oeuvre des éléments subtils et provo-quera des situations propices aux rencontres amoureuses et autres, mais restez dans l'action. C'est un peu comme faire le ménage d'une maison. Si après avoir tout nettoyé vous ne faites guère attention à la propreté, au bout d'un certain temps tout sera à refaire! Donc après avoir lancé un sort, vous pourriez par exemple sortir, aller à la rencontre des gens et surtout, mettez-vous en évidence!

LE SILENCE

Ne divulguez pas vos actions magiques. Gardez cela pour vous et vous seul(e). La société a beau être de plus en plus ouverte, il y aura tou-jours des gens qui se moqueront de ceux qui sont plus évolués spirituel-lement. Effectivement cela est un signe d'ignorance et cela ne vaut guère la peine d'y apporter aucune attention ni de dépenser aucune énergie. De plus, imaginez que vous dites à une personne, même proche de vous que vous avez fait un rituel... si cette personne ne croit pas en la magie et se met à dire que cela ne fonctionnera pas, elle se mettra à créer du négatif et vous enverra cette négativité qui pourrait aller à l'encontre de vos buts. Ne vous créez pas du tort inutilement. Soyez comme le sage et aucune barrière ne se trouvera sur votre chemin. Vous serez à même de mieux comprendre la maxime suivante: *Savoir, oser, faire, se taire.*

DEUXIÈME PARTIE

SORTILÈGES & RITUELS D'AMOUR & DÉSIRS

POUR UNIR DEUX PERSONNES

Matériel requis:

- papier parchemin
- stylo noir
- Chandelles jaunes
- 3 cuillerées à table de Menthe poivrée, rose et lavande.
- 7 graines de tournesol
- 1 pochette

Sur le papier parchemin écrivez ce charme à l'encre noire:

Par la menthe et la rose, par la Flamme et les étoiles,
Je t'amène ici d'où que tu sois, afin de lever le voile.
Nous nous rencontrons souvent dans nos rêves,
Mais ce sort nous présentera.
Car je t'appelle ici, je t'amène ici,
Et tu t'en viens ici car tu es à moi.
Telle est ma volonté, viens vers moi,
Et dans nos rêves, ensemble toi et moi.

Ensuite, remplissez la pochette avec les herbes et les graines. Pliez le parchemin en trois et placez-le à l'intérieur. Avant d'aller dormir, vous placerez le charme sous ou près de votre oreiller en humant son odeur, chose que vous ferez aussi en vous réveillant. Vous l'amènerez à vous par vos rêves.

POUR RENVERSER UN SORT D'AMOUR

Matériel requis:

- 1 bougie noire
- 1 morceau de papier

À la lumière d'une bougie noire, écrivez par une nuit de Samedi en Lune décroissante sur un morceau de papier le nom de la personne qui est sous l'emprise du sort. Répétez neuf fois cette déclaration:

Mes voeux exaucés, libre maintenant tu es,
Telle est ma volonté, le sort est défait.

Brûlez le papier dans la flamme de la chandelle et jetez les cendres aux quatre vents.

POUR SE DÉBARRASSER D'UNE PERSONNE QUI VOUS AIME

Matériel requis:

- 1 chandelle noire
- papier et encre noire

Par une nuit de Samedi lors d'une Lune décroissante et quand forts souffleront les vents, prenez un carré de papier et écrivez avec de l'encre noire le nom de la personne qui vous tourne autour. Allumez la chandelle et brûlez le papier dans la flamme de celle-ci en visualisant la personne s'éloigner de vous au pas de course. Récupérez les cendres et sortez au grand air. Cendres dans votre main droite, dites:

Vents du Nord, du Sud, de l'Est et de l'Ouest,
Apportez cette affection là où elle sera la bienvenue.
Que son coeur soit ouvert et libre,
Et que ses pensées soient loin de moi!

Soufflez dans votre main et répandez les cendres.

BRISER UN SORT D'AMOUR

Matériel requis:

* Photographie du couple
* 1 chandelle mauve

Prenez une photographie du couple ou écrivez leurs noms au complet sur un morceau de papier vierge. Tracez un cercle magique régulier. Allumez une chandelle mauve et appelez dans vos mots la Déesse de la magie Argentée. Ensuite, tenez dans vos mains la photographie (ou le papier), et dites:

Je demande à la Déesse de rompre cette union entre (les noms des personnes).

Déchirez la photographie en séparant distinctement les deux personnes en disant:

Comme je les sépare symboliquement, physiquement ils le sont!

Brûlez une moitié (celle de l'autre personne si vous êtes impliqué dans la relation), et dites:

Comme je brûle le lien, le sort est rompu. Qu'il en soit ainsi!

Remerciez la Déesse de son aide et fermez le cercle. Débarrassez-vous ensuite des cendres de façon convenable.

CHARME POUR CHANGER LA COULEUR DES YEUX

Matériel requis:

* 1 chandelle de la couleur que vous désirez obtenir
* Votre pentacle

Voici un curieux charme pour changer la couleur de vos yeux. Vous pouvez utiliser plusieurs chandelles de la même couleur, si désiré, cela augmentera la puissance du charme. Allumez donc les chandelles autour du pentacle et asseyez-vous devant celles-ci et fixez les flammes avec grande attention et concentration. Dites ensuite trois fois trois fois (donc neuf fois):

1, 2, 3, change pour moi,
1, 2, 3, mes yeux (la couleur de vos yeux)
Changent pour (la couleur désirée).

Ensuite, par trois fois trois fois, dites:

Par la puissance de trois par trois,
Que le changement s'opère et qu'il soit vu!

Visualisez que vos yeux adoptent leur nouvelle couleur. L'effet sera analogique avec la puissance que vous-même y déverserez.

CHARME POUR CHANGER LA COULEUR DE VOS CHEVEUX

Matériel requis:
* 3 bougies oranges ou rouges
* Miroir

Par une nuit de Vénus, lorsque la Lune sera en pleine croissance, dressez votre autel avec tout le nécessaire. Allumez les trois bougies et placez-les en forme de triangle sur votre autel. Centrez-vous pendant un moment de façon à calmer votre mental. Quand vous vous sentirez prêt, fermez les yeux en plaçant vos mains sur vos cheveux. Visualisez que la couleur quitte vos cheveux. Ils pâlissent, toujours de plus en plus pâle jusqu'à ce qu'ils deviennent blancs. Tenez la couleur dans vos mains. Levez-les lentement et arrêtez-vous au-dessus des bougies. Visualisez que la couleur se transforme par la force de votre volonté et de celle des bougies en la couleur désirée. Après quelques minutes de visualisation, déposez vos mains de nouveau sur votre tête et laissez vos cheveux se colorer de nouveau. Dites ensuite:

Feu rouge, feu chaleureux,
Charme sur ma tête tous mes cheveux.
Feu qui danse et feu brillant,

De (couleur de vos cheveux) à (couleur désirée) ce voeux étant.
Par le feu, l'eau la terre et le vent,
Telle est ma volonté en ce moment!

Ensuite, ouvrez les yeux et regardez votre réflexion dans le miroir. Si vos cheveux ont changé, l'effet sera de courte durée tout dépendant de la force que vous y avez projetée. Si au contraire rien ne s'est produit, réessayez une autre nuit!

POUR GAGNER SON COEUR

Matériel requis:

- 1 pomme rouge
- 1 rose blanche
- 1 quartz rose
- 1 photographie de vous
- 1 pochette rouge
- Chandelles rouges ou blanches

Par une nuit de Vendredi pendant une Lune croissante, oeuvrez dehors ou au bord d'une fenêtre de façon à ce que vous puissiez voir le ciel étoilé ainsi que la Lune. Mangez la pomme tout en songeant à votre parfait amour, celui ou celle dont vous aimeriez connaître. Mangez lentement et faites-vous une représentation des plus claire possible quant à la couleur de ses cheveux, des yeux, traits de caractères, etc. Ensuite, récupérez sept pépins de la pomme et faites-les sécher. Ensuite, prenez la photographie et découpez seulement votre tête dans une forme de coeur. Prenez le rose, humez son odeur et enlevez les pétales un à la fois en prononçant une description de votre futur amour. Finalement, prenez les pépins, le quartz et la photographie et placez-les dans la pochette, la refermant solidement. Tenez le charme contre votre coeur et dites:

Je verrai bientôt le visage de mon vrai amour,
Même si je ne connais point encore son nom.
Mais bientôt son coeur va battre pour moi,
Viens vers moi mon amour, qu'il en soit ainsi!

Portez la pochette sur vous à chaque Vendredi et soyez patient.

TROIS CHARMES DE CHEVEUX

Matériel requis:

* 2 mèches de cheveux

Voici trois puissants charmes pour unir deux personnes ensemble, pour qu'elles demeurent ensemble ou pour les séparer. Prenez une mèche de vos cheveux et l'une de l'autre personne que vous voulez unir à vous en prenant bien soin de les couper pendant une Lune croissante. Attachez les deux mèches ensemble avec un ruban ou une ficelle rouge. Pendant que vous les attachez, visualisez que vous êtes heureux en un amour mutuel. En même temps, vous direz:

Quand le Soleil se lèvera,
Par cette mèche près de moi mon amour sera.
Quand le Soleil se couchera,
Par cette mèche mon amour se concrétisera!

Ensuite vous porterez le charme sur vous au niveau du coeur.

Si vous dormez avec votre amour et que vous lui nouez une petite mèche de cheveux sans qu'il s'en aperçoive, il ne pourra enlever de son esprit l'amour qu'il a pour vous.

Pour mettre un terme à une histoire d'amour, brûlez pendant une nuit de nouvelle Lune une mèche de cheveux de votre partenaire que vous lui aurez coupé sans qu'il(elle) s'en aperçoive. D'ici la prochaine nouvelle Lune, vous serez séparé.

LES AMOUREUX SE CROISERONT

Matériel requis:

* 2 bougies jaunes
* Photographie de vous
* Photographie de l'amoureux(se)
* 1 pierre d'aimant
* Fil jaune ou blanc
* 1 aiguille

Par une nuit de Lune croissante, de préférence en signe du Gémeaux, dressez votre autel avec tout le nécessaire. Allumez les bougies et dites en tenant les photographies dans vos mains:

Image de toi, image de moi,
Bientôt ensemble, moments tendres.

Ensuite, avec le fil et l'aiguille, vous lierez les photographies ensemble. Placez le charme au centre de votre autel et déposez la pierre d'aimant au-dessus. À la pleine Lune, allumez une bougie et placez le charme dessous. Lancez le sort par ces paroles:

Une photo de toi, une photo de moi,
Une photo de nous, ensemble, un tout.
Viens, je le veux pour la vie,
Telle est ma volonté, qu'il en soit ainsi!

Maintenant que tout est en place, vous devrez prendre votre courage à deux mains et appeler la personne pour la convaincre de vous rencontrer. Si elle n'est pas disponible ce jour là, réitérer une autre fois.

POUDRE DE BONHEUR

Matériel requis:

- 2 parties de lavande
- 1 partie d'herbe-aux-chats
- 1 partie de marjolaine

Pour fabriquer la poudre, utilisez un mortier et un pilon et écrasez les herbes aussi finement que possible. Pendant ce long processus, visualisez votre but magique s'amplifier et intégrer la mixture. Dites alors:

Herbes de bonheur, plante aux vertus heureuses,
Oeuvrez sur moi quand aura sonné l'heure
Et chassez ces vibrations douteuses.

Quand vous souhaiterez utiliser cette poudre, saupoudrez la mixture en cercle sur le sol et asseyez-vous au centre, absorbant les énergies de la poudre. Visualisez les vibrations de bonheur vous entourant et infusant votre esprit de joie.

L'AMOUR ÉTOILÉ

Matériel requis:

- 1 feuille de papier
- 1 crayon
- pétales roses
- Encens de jasmin
- 1 bougie rose ou rouge
- 1 quartz, rubis ou une pierre de grenat (facultatif)

Ce charme puissant donne d'excellents résultats quand il est effectué le premier Vendredi après la nouvelle Lune. Allumez la bougie et l'encens, et détendez-vous complètement. Pensez à toutes les qualités que vous désirez dans un amoureux, tel que la fidélité et l'honnêteté. Écrivez-les, en étant spécifique. Assurez-vous que chaque qualité désirée est notée de manière claire.

Quand vous aurez complété la liste, allez dehors, en laissant la bougie et l'encens brûlant dans des récipients sûrs. Cherchez dans le ciel une étoile qui vous attire. Tenant les pétales et la pierre dans vos mains, visualisez les rayons descendant vers vous pour remplir vos mains, infusant les pétales de puissance. Dites ensuite:

Étoile d'amour brûlante et lumineuse,
Aide-moi dans mon charme ce soir.
Unis mon vrai amour Ô Étoile merveilleuse,
Unis-le à moi, Ô astre d'espoir!

Retournez à l'intérieur et parsemez les pétales roses autour de la base de la bougie, et placez la pierre devant elle. Visualisez-vous comme une flamme lumineuse qui attire la personne qui est la meilleure pour vous. Appelez-la alors doucement:

Entend-moi pendant que je t'appelle, viens à moi mon amour si vrai!

Sachez que le Cosmique vous réunira à votre amour quand le moment sera venu. Répétez ce charme à chaque mois jusqu'à ce que l'amour vous trouve.

PUISSANT CHARME D'AMOUR D'APHRODITE

Matériel requis:

- 1 feuille de papier rose
- 1 stylo rouge
- Encens La Flamme

Pour attirer l'amour d'un homme ou d'une femme en particulier, exécutez ce charme d'amour un Vendredi soir, de préférence quand la lune sera dans le signe du Taureau. Sur un morceau de papier rose en forme de coeur, écrivez le nom et prénom de votre bien-aimé(e) à l'encre rouge. Pour rendre le charme plus efficace, écrivez la date de naissance ou le symbole astrologique sous le nom. Allumez un encens de jasmin ou de rose et dites:

Aphrodite, Aphrodite, déesse de l'amour et de passions puissantes,
Regarde vers le bas et entend ma prière.
Fais-moi grâce d'un amour si vrai et loyal.

À l'aide d'une aiguille stérilisée, piquez l'extrémité de votre pouce gauche, et d'une goutte de sang, enduisez-la sur le nom écrit sur le papier. Placez une bougie (de forme humaine dépendant du genre de votre amoureux) au-dessus du papier. Allumez-la et dites trois fois:

Avec le sang et le feu, la magie commence.
Maintenant les vapeurs du désir brûlent d'en dedans.

Dirigez toutes vos pensées et votre énergies sur l'"être aimé, et dites:

Bât pour moi maintenant, Ô coeur de mortel,
Ait mal pour moi quand nous sommes distants,
Rêve de moi la nuit,
Viens à moi quand le soleil brille.
Qu'il en soit ainsi!

Continuez de vous concentrer jusqu'à ce que l'encens et la bougie se soient consumés.

SORTILÈGE POUR RAPPROCHER DEUX PERSONNES

Matériel requis:

- Eau de pleine Lune
- 2 photographies
- 1 bol
- 1 bougie verte

Aspergez de l'eau de pleine Lune (eau que vous irez chercher dans un ruisseau) sur une photographie de vous et de votre bien-aimé(e). Placez ensuite une bougie verte dans une cuvette. Emplissez-la de la même eau, puis allumez la bougie. À présent, vous visualiserez l'arrivée de votre bien-aimé(e) venant pour vous trouver en fixant le reflet de la bougie sur les photographies. Dites ensuite:

Par l'Eau sacrée mon amour vient vers moi,
Comme une rivière se jettant à la mer.
Vogue vers moi, amour, viens à moi,
Je suis la fin du voyage salutaire!
Et dans ton coeur tu sauras,
Que c'est ici qu'il accosteras.

Visualisez jusqu'à ce que la bougie s'éteigne dans l'eau.

RECETTE POUR AIDER À GUÉRIR UN COEUR BRISÉ

Matériel requis:

- Chaudron
- Du lait
- 1 oeuf
- Rhum
- Citron

À la nouvelle lune, chauffez du lait dans une casserole. Ajoutez un peu de rhum ainsi qu'un oeuf. Ajoutez une cuillerée à thé de sucre et un zest de citron. Chauffez le tout sans porter à ébullition. Puis enlevez le chaudron du feu et buvez.

SIMPLE BOUTEILLE D'AMOUR

Matériel requis:

- 1 petite bouteille avec un bouchon
- Des pétales de rose
- Du romarin
- huile d'olive
- 1 bougie rose

Allumez une bougie rose et broyez les pétales dans votre main et placez-les dans la bouteille. Mettez-y le romarin, puis ajoutez l'huile en emplissant presque la bouteille. Placez le bouchon et scellez le tout avec de la cire. Ensuite vous prendrez la bouteille dans vos deux mains et la chargerez de votre intense désir amoureux. Puis, vous rangerez votre bouteille dans un endroit sûr et connu de vous seul.

LA POMME MAGIQUE

Matériel requis:

- pomme rouge

La pomme, sacrée aux sorcières, est un symbole magique de l'amour et il est employé pour améliorer votre charisme sexuel. Si vous coupez une pomme par son centre, la forme des cinq pépins forme un penta-gramme parfait avec la peau rouge de la pomme formant le cercle. Tout ce que ce charme exige, c'est une pomme. Pendant une Lune croissante, tenez une pomme dans vos mains, et tenez-vous là où elle pourra absor-ber la lumière lunaire. Lancez ce charme avant de prendre la première bouchée:

Ô, belle Dame, déesse de l'amour désiré,
J'honore ton amour et ta beauté.
Apporte-moi un amour qui ne sera banal,
Envoyé directement de par les étoiles.

Comme vous prenez la première bouchée, pensez à la déesse et aux étoiles dans le ciel (aussi bien que l'étoile de la pomme dans votre main). Imaginez l'amour-fruit doux et juteux se transformant en une romance des plus exquise.

POTION DE LA SORCIÈRE

Matériel requis:

- basilic
- graines de cardamome
- cannelle
- cumin
- graines d'aneth
- fenouil
- marjolaine
- persil

Ajoutez en parties égales ces herbes suivantes (sèches ou fraîches) à un verre de vin chauffé ou à une tasse de thé chaud; basilic, graines en poudre de cardamome, cannelle, cumin, graine d'aneth, fenouil, marjolaine et persil. Comme vous remuez les herbes dans le sens des aiguilles d'une montre, pensez aux qualités spéciales que vous voulez voir en votre véritable amour. Visualisez profondément et dites:

Herbes magiques, Lune et Soleil,
Apportez-moi cet amour sans pareil.
Par ma volonté et sans nuire à aucun,
Apporte moi l'amour de tous et chacun.
Cela est dit, cela est mon plus grand souhait.
Le charme est accompli, cela est maintenant fait.
Ainsi soit-il!

Buvez la moitié du breuvage magique et versez l'autre moitié sur le sol de la Terre comme un état de votre volonté au premier coup de minuit. Rendez grâce aux puissances qui soient, croyez en votre coeur que votre charme fonctionnera et soyez attentifs aux signes positifs de résultats. Soyez patient. Les résultats ne sont jamais immédiats. Vous pourrez avoir à répéter ce charme un certain nombre de fois avant d'obtenir ce que vous souhaitez, particulièrement si vous êtes débutant(e). Ce charme placera et mettra les choses en mouvement pour vous et vous aidera à créer des occasions.

BAIN POUR LES RUPTURES
Matériel requis:
3 oeillets blancs
3 oeillets roses
Aloès
Romarin

Prenez trois oeillets caressez-vous légèrement de la tête aux pieds. Quand vous serez aux pieds, passez les fleurs entre vos orteils. Il est important qu'après avoir répété cette gestuelle avec chaque oeillet, que vous cassiez la tige pour emprisonner la douleur à l'intérieur de la fleur. Ensuite, prenez un bain avec de l'aloès, du romarin et des oeillets roses. Frottez votre corps avec les oeillets tandis que vous êtes dans le bain. Après que l'eau se sera vidée, cassez les tiges. Enveloppez-vous dans une serviette blanche ou rose et laissez-vous sécher à l'air libre. Évidement, aucun charme n'est une solution miracle pour ce genre de chose, mais ceux-ci peuvent aider. Particulièrement si vous vous trouvez incapable d'avancer et de laisser aller le passé.

CHARME POUR AVOIR L'AIR MAGNIFIQUE
Matériel requis:
- Pomme rouge
- 7 petits pois
- 7 cerises
- 1 avocat

Prenez une pomme rouge et coupez-la en deux, horizontalement. Vous devriez voir une certaine forme de pentagramme à l'intérieur. Visualisez-vous rougeoyant comme une étoile parfaite. La couleur joue également un rôle important dans ce rituel. Mangez la moitié de la pomme et donnez l'autre moitié comme offrande, en la plaçant simplement sous un arbre. Épluchez maintenant la peau de l'avocat. Libérez toutes les mauvaises et négatives pensées que vous avez envers vous-même, les voyant partir comme la peau de l'avocat. Coupez le fruit en sept tranches et retirez le coeur. (Sept est le nombre sacré de Venus.) Écrasez ensuite les morceaux en une pâte. Utilisez la pâte comme masque protecteur.

Comme vous couvrez votre visage, visualisez que tous vos défauts disparaissent.

Prenez maintenant sept pois dans la main droite et sept cerises dans la main gauche. Mangez-les alternativement. La main gauche régie le subconscient et l'invisible, alors que la main droite régie le monde conscient et visible. Ce que vous faites, sera de créer simultanément la beauté dans les deux sens. Ce rituel devrait être pratiqué au moins pendant un à trois jours avant que vous ayez à rencontrer la personne dont vous voulez vous faire remarquer et plaire.

GAGNEZ SON AMOUR

Matériel requis:
- Votre chaudron magique
- 2 bougies roses
- 1 bougie mauve
- Encens de rose ou jasmin
- Votre baguette magique ou athamé

Oeuvrez par une nuit de Vendredi en phase Lunaire croissante. Placez le chaudron sur le votre autel entre deux bougies roses. Allumez-les en prononçant votre voeu d'amour. À l'intérieur du chaudron, placez une bougie de couleur mauve. Allumez l'encens. Tapez doucement sur le rebord du chaudron par trois fois avec votre baguette magique ou athamé et dites:

Un pour le(la) rechercher,
Un pour le(la) trouver,
Un pour me l'apporter,
Un pour le(la) lier,
Ainsi je le dis, ce charme est lancé.

Tapez le chaudron par trois fois supplémentaires. Allumez la bougie dans le chaudron pour expédier le charme.

LE CHARME TORRIDE

Matériel requis:

- Extrait de vanille
- Boutons ou eau de rose
- 3 cuillerées de jus de melon rose

Essayez ce charme avant votre prochaine sortie en ville. Faites couler un bain chaud et ajoutez-y une poignée de boutons de rose ou une tasse d'eau de rose, ainsi qu'un quart de tasse d'extrait de vanille, et de trois cuillerées à soupe de jus de melon rose mûr. Cette mixture aidera les gens timides pour enlever les inhibitions et augmenter le plaisir, la séduction, ainsi que la sexualité et l'excitation dans la zone aurique. Demeurez dans le bain pendant au moins sept minutes.

Après avoir physiquement nettoyé votre corps, tenez-vous dans la douche, versez une cuvette pleine de ce mélange au-dessus de votre tête, et permettez-lui de s'égoutter le long de votre corps (vous pouvez ajouter de l'eau à la cuvette, si le mélange est trop sec). Séchez-vous par la suite, habillez-vous et préparez-vous à passer une magnifique soirée!

SORT POUR LA CONFIANCE PERSONNELLE

Matériel requis:

- 1 miroir
- 2 bougies roses

Évidement, pour lancer des sorts d'amour qui apporteront des résultats, il faut avoir confiance en soi. Dans un endroit tranquille méditez un moment, puis placez le miroir sur votre autel avec une bougie de chaque côté. Allumez les bougies. Maintenant, asseyez-vous devant le miroir et fixez votre réflexion. Notez toutes vos qualités, portez votre attention sur elles. Puis, dites à haute voix comment merveilleux sont vos yeux (par exemple) en raison de leur forme, et couleur. Parlez pour eux à haute voix. Dites-vous, comme vous êtes unique et merveilleux. Énumérez tous les aspects positifs de votre personnalité, (votre bonne humeur, votre volonté, etc.) Nommez tous ces beaux traits qui font de vous un être spécial. Cela vous semblera simple, mais sachez que c'est un excellent exercice pour bâtir cette confiance requise.

CHARME DE L'AMOUR FLAMBOYANT

Matériel requis:

* Bois de foyer
* Couteau

Ce charme d'amour demande la participation de vous et votre partenaire amoureux. C'est un charme plutôt romantique pour maintenir le désir éternellement vivant dans le couple. Vous aurez besoin d'un endroit où vous pourrez faire un feu pour exécuter le rituel. Asseyez-vous avec votre bien-aimé(e) près d'un feu chaud. Ensuite, gravez vos initiales ensemble sur un morceau de bois. Gravez ses initiales et lui(ou elle) fera de même pour les vôtres. Puis, scellez les initiales avec un baiser en embrassant les siennes, tandis qu'il(elle) en fera de même pour les vôtres encore une fois.

Jetez le morceau de bois dans le feu et embrassez-vous comme il brûle. Joignez vos mains ensemble, doigts entrelacés et regardez le feu. Laissez vos corps et coeurs baigner par la chaleur des flammes. Faites mutuellement le souhait que la passion l'un pour l'autre sera éternelle. Ne laissez pas le feu s'éteindre. Vous devrez ajouter au moins trois nouvelles bûches avant de laisser le feu à lui-même. Si vous buvez un verre de vin devant ce feu, vous gagnerez une certaine sagesse spirituelle subtile. Si vous partagez un verre de cidre de pommes, vous ne serez jamais infidèle entre vous.

Il est dit que les esprits vivent dans le bois, et qu'ils accordent souvent les souhaits à ceux qui les formulent. La notion magique de graver les noms des amoureux sur les arbres est très vieille. Le feu est également une puissante manière de libérer la magie.

CHARME DE BEAUTÉ

Matériel requis:

* 1 miroir
* 1 bougie blanche

À la pleine Lune, prenez un miroir et allez dehors (si vous ne le pouvez, ouvrez alors une fenêtre et assurez-vous que la lune réfléchi sur le miroir). Prenez un morceau d'une photographie (cheveux, nez, lèvres, yeux, ce que vous voulez changer) et mettez-le sur le miroir. Concentrez-vous et dites:

Astre lunaire, laisse le vent transporter ta lumière,
Que ta lueur couvre mon corps, que ton éclat brille fort.

Répétez trois fois en vous concentrant sur la partie que vous voulez changer, puis dites:

Astre lunaire, forme et moule mon corps,
Comme une rose se fait accorder la beauté,
Laisse-moi fleurir dans ta clarté.
Lumière qui m'apporte la beauté,
Par trois fois trois, accorde-moi la beauté.

Répétez trois fois, et allumez une bougie.

SORT DE LA BOUCLE DE COEURS

Matériel requis:

- Du papier rouge
- Des ciseaux
- Un crayon noir
- 1 aiguille et du fil rouge
- 1 petite bougie rouge
- 1 bougie brune
- 1 petit miroir rond

Ceci est un charme d'amour pour le couple. Il devrait être fait d'une façon espiègle, ainsi il fera ressortir l'enfant dans chacun de vous alors que vous découperez les coeurs de papier. Découpez douze coeurs rouges et placez-les en forme de cercle. Écrivez le nom de votre amoureux sur six des coeurs, comme votre bien-aimé(e) écrira votre nom sur les six autres.

Posez le miroir à plat, et placez les coeurs autour de lui, en alternant les coeurs. Allumez les bougies. Le rouge est pour la passion et l'amour, et les sentiments sensuels l'un pour l'autre. Le brun apportera l'amour à l'environnement où vous exécutez ce charme. S'il est effectué dans la maison, il augmentera l'atmosphère d'amour. S'il est pratiqué dehors, il créera une aura d'amour que d'autres pourront remarquer en passant dans sa proximité. Penchez-vous au-dessus du miroir et répétez le nom de votre amoureux(se) six fois, prenant à chaque fois un coeur avec portant nom.

Ensuite, votre partenaire fera la même chose. Puis, avec le fil et l'aiguille, cousez un de vos coeurs à l'un de votre amoureux(se). Ensuite, il(elle) en ajoutera un au vôtre. Continuez jusqu'à ce qu'il tout soit cousu ensemble en une boucle. Accrochez cette boucle dans un endroit approprié comme près du lit...

CHARME DE LA MIXTURE DE FRUITS

Matériel requis:
- 1 bol
- 1 cuillerée à thé de sucre
- 1/4 tasse des fruits préférés de votre bien-aimé(e)

À l'intérieur de votre cercle magique, appelez les quartiers. Ensuite, pressez les fruits dans le bol en disant:

Fruit de mon amour entends-moi maintenant, coeurs terrestres unis,
Dans ma main je teins le vrai amour d'une vie.

Mélangez le jus et concentrez tout vos chauds sentiments et émotions dans cette mixture. Lentement, ajoutez le sucre et dites:

Sois mon amour vrai et fidèle envers toi je serai,
Dans ma main, les sables de l'amour, libre arbitre et autrui il ne nuit,
L'amour est volonté, toi mon amour, ma volonté! Tel soit.

Remerciez les éléments des quartiers et fermez le cercle. Déposez le bol au bord d'une fenêtre de façon à obtenir grâce au soleil, un mélange poudreux et sec. Quand l'occasion se présentera, versez cette mixture dans la nourriture de votre bien-aimé(e) ainsi que dans la vôtre.

POTION CONTRE LES SOUFFRANCES

Matériel requis:

- théière
- Boule à thé
- Bouteille
- Fleurs de jasmin
- Pétales de rose
- Racine d'iris
- Huile de jasmin
- 1 quartz rose
- Des éclats de quartz rose
- Eau consacrée
- 3 chandelles (rose, blanche, bleue)
- 1 pochette de tissu

Dans une boule à thé, combinez les fleurs de jasmin, les pétales de roses, la racine d'iris et le quartz rose. Faites bouillir pendant environ 13 minutes dans une théière. Versez ensuite le liquide, (sans le quartz rose) dans une bouteille avec sept petits morceaux de quartz rose, ainsi que trois gouttes d'eau consacrée (eau fraîche et sel que vous aurez bénit) et trois gouttes d'huile de jasmin.

Assurez-vous d'être seul(e) pour préparer ce mélange magique, ainsi vous pourrez avoir toute la cuisine à vous seul(e) et travailler à la lueur de trois chandelles; rose, blanche et bleue. Cette potion est excellente pour travailler sur les carences dans les rapports affectifs, tel qu'après une rude argumentation, une tristesse provisoire, ou même un coeur brisé.

Pour l'utiliser, rien de plus simple, oignez-en tout votre corps. Il n'est pas suggéré de boire la potion, toutefois, vous pourrez placer une goutte sur vos lèvres. Puis, dans une pochette de tissu de la même couleur que l'une des chandelles, vous y placerez le plus gros morceau de quartz avec les herbes que vous avez bouillies et vous pourrez ainsi le porter sur vous ou le disposer dans un endroit que vous êtes généralement. Enduisez le quartz du mélange régulièrement et il absorbera les vibrations et vous aidera dans vos moments de souffrance.

LA SEMENCE D'AMOUR

Matériel requis:

* 3 bougies flottantes rouges
* Encens de rose
* 3 bougies rouge

Ce charme d'une durée de trois nuits consécutives, sera pratiqué deux jours avant la pleine Lune (la dernière nuit sera celle de la pleine Lune), et si possible à l'heure planétaire de Venus. Commencez par vous faire couler un bain chaud, allumez les bougies non flottantes et placez-les autour du bain. Allumez l'encens et glissez-vous dans le bain. Maintenant, allumez les trois autres bougies et laissez-les flotter autour de votre corps. Visualisez un cercle de lumière entourant le bain, ceci vous aidera à conserver l'énergie. Comme flottent les bougies autour de vous, fixez les flammes se mélangeant ensemble en une aura rougeâtre. Ressentez l'énergie des flammes pénétrer votre corps. Visualisez votre parfait partenaire près de vous; visualisez-vous vivre le bonheur. Comme la puissance du feu passe dans votre corps, chantez:

Flammes d'amour brillantes dans le noir,
Accorde-moi ce charme dès ce soir.

Détendez-vous dans le bain et visualisez votre désir se concrétiser. Quand vous serez prêt, sortez et laissez-vous sécher naturellement. Répétez ce charme les deux nuits suivantes, en utilisant les mêmes bougies. À la troisième nuit, après le rituel, enfouissez les bougies dans votre jardin et dites:

Dans cette terre je sème cet amour,
Permettez-lui de pousser pour toujours.

SORTILÈGE D'ATTRACTION

Matériel requis:

- Du sel
- 1 bougie rouge
- 1 bougie rose
- 1 bougie blanche

Nettoyez votre salle de bain. Recouvrez tous les miroirs. Faites couler un bain chaud et ajoutez une poignée de sel tout en récitant:

La négativité est maintenant dissoute,
Comme je renais à jour.
Vers moi les têtes se retournent toutes,
Celle que je choisirai sera mon amour.

Allumez les bougies et pensez à ce que vous aimez à votre sujet. Centrez-vous sur votre beauté. Vous pouvez également vous concentrer sur une personne spécifique que vous désirez maintenant. Puis, faites jouer votre musique préférée de façon à vous rendre plus sensuel. Immergez-vous dans l'eau du bain. Assurez-vous que chaque partie de votre corps soit en contact avec l'eau. Après environs 45 à 90 minutes, répétez la phrase du début, puis, ajoutez:

Flammes, lueurs, plaisez aux yeux,
Par le feu, l'eau, la terre, et les cieux.
Formez et faites-les voir cela,
Accordez-moi la beauté, trois fois trois.

Vous pouvez utiliser ce que vous désirez pour augmenter la puissance de ce charme comme une boisson, des huiles, un parfum, ou un encens spécial.

Les philtres & potions

Les philtres d'amour sont véritablement ce que la masse populaire a tendance à désigner par *potions magiques,* c'est-à-dire un liquide étrange versé à l'insu d'une personne de façon à ce qu'elle le consomme pour tomber en amour. De façon plus détaillée, un philtre est un type d'objet-pouvoir. C'est-à-dire que la substance aqueuse que vous utiliserez sera chargée de votre magnétisme et de votre pouvoir de suggestion, un peu comme dans le cas d'une batterie. Lorsque la personne visée ingérera le philtre (ou les personnes), cet objet-pouvoir se déchargera au contact de sa cible et transmettra ainsi sa charge de suggestion. Vous pourrez fabriquer une multitude de philtres en vous basant sur les deux charmes indiqués plus loin. Évidemment, lorsque vous ferez usage de telles potions magiques, prenez garde d'agir avec précaution et dans le plus grand secret. Vous auriez bien du mal à vous expliquer si vous vous faisiez prendre...

Préparatifs

Pour fabriquer vos philtres d'amour, vous aurez besoin de quelques petits préparatifs. Érigez votre temple de façon habituelle en disposant votre autel face à l'Est. Si désiré, vous pouvez décorer votre autel avec quelques fleurs odorantes. Au centre de celui-ci sera disposé votre coupe magique flanquée de deux chandeliers. Les chandelles seront de la même couleur que celles du type de cercle magique que vous tracerez. À portée de main sera disposée une petite quantité d'eau distillée ainsi qu'une petite fiole vide dans laquelle vous verserez votre philtre quand l'opération sera terminée. Derrière la coupe brûlera un encens d'amour analogue au type de philtre que vous désirez créer (voir la section des encens). Vous aurez aussi besoin de vous munir d'un pilon et d'un mortier pour broyer vos herbes et vos plantes. Et finalement, votre grimoire dans lequel seront consignées les incantations que vous aurez composées.

AVANT DE FABRIQUER VOS PHILTRES

Centrez-vous pendant quelques minutes en respirant profondément. Tentez de sentir et de percevoir l'énergie de votre cercle magique tout autour de vous. Puis, allumez les deux chandelles, l'encens d'amour et ouvrez le rituel dans des mots similaires à ceux-ci:

C'est en ton Nom (nom de la divinité choisie),
Et au Nom de tes ministres du coeur,
Que j'entreprends cette oeuvre d'amour.

Prenez votre temps pour ressentir la présence de la divinité invoquée près de vous. Vous pouvez également prononcer son nom à plusieurs reprises comme un mantra pour vous aider à vous brancher sur la bonne longueur d'onde. Conservez à l'esprit cette présence et son image mentale pendant tout le rituel. Procédez dès lors à la composition même du philtre.

Voici deux philtres magiques que vous pourrez fabriquer sans difficulté. Observez attentivement comment ils sont préparés. Cela vous donnera une bonne idée pour créer et inventer par la suite vos propres recettes, en vous servant de la liste de simples supplémentaires que vous noterez dans votre grimoire. Vous n'avez aucune contrainte, alors laissez aller votre imagination et faites ce que vous ressentez être juste...

PREMIER PHILTRE:
LE CHARME DE LA CORIANDRE
Matériel requis:
- Votre coupe
- Eau distillée
- 7 graines de coriandre

Versez un peu d'eau distillée dans votre coupe. Broyez ensuite dans votre mortier sept graines de coriandre tout en vous représentant mentalement la personne qui est destiné à boire ce philtre -l'être que vous aimez. Prononcez son nom à voix haute sans arrêts tant que les graines ne deviennent une poudre fine et dites ensuite:

Semence chaude, coeur chaud,
Que jamais rien ne les sépare.

Versez ensuite la poudre dans la coupe en visualisant qu'elle s'enflamme au contact de l'eau. Imposez vos mains au-dessus de la coupe et visualisez pendant un certain temps l'image que votre bien-aimé(e) est foudroyé(e) d'amour pour vous en buvant ce philtre. Quand votre concentration commencera à faiblir, concluez le rituel par cette phrase:

Telle est ma volonté, qu'elle soit exaucée!

Scellez votre travail en traçant une triple croix au-dessus de la coupe avec votre index de la main droite. Puis, laissez le mélange reposer pendant les douze heures qui suivront, (laissez les chandelles s'éteindre d'elle-même). Ensuite, à l'aide d'un morceau de tissu à fromage ou un tamis, filtrez le liquide de façon à ce que la poudre puisse en être retirée et versez-le dans la fiole. Il ne vous restera plus qu'à attendre le moment opportun pour verser votre philtre aux aliments ou dans une boisson que vous offrirez à la personne aimée.

SECOND PHILTRE:
LE CHARME DE LA PERVENCHE

Matériel requis:
- Votre coupe
- Eau distillée
- herbe de pervenche, quintefeuille, verveine, mercuriale
- Des pétales de rose

Préparez votre temple comme indiqué précédemment. Allumez les chandelles, l'encens, etc. Prenez en quantité égale des feuilles séchées de pervenche, de quintefeuille, de verveine, de mercuriale ainsi que des pétales de rose. Réduisez le tout en une fine poudre en répétant en même temps et sans arrêt votre profonde intention envers l'être aimé, comme par exemple:

Par cet acte de magie d'amour,
Je lie (nom de la personne aimée)
À (votre nom ou celui de toute autre personne)
Par les liens solides du désir foudroyant et de l'amour.

Versez la poudre dans la coupe en visualisant qu'elle s'enflamme au contact de l'eau. Imposez vos mains au-dessus et visualisez que ces deux personnes sont foudroyées d'un amour mutuel. Quand votre concentration commencera à faiblir, concluez le rituel par cette phrase:

Telle est ma volonté, qu'elle soit exaucée!

Scellez votre travail en traçant la triple croix au-dessus de la coupe. Laissez le mélange reposer pendant douze heures. Ensuite vous filtrerez le liquide de façon à ce que la poudre puisse en être retirée et versez-le dans une fiole. Il ne vous restera plus qu'à attendre le moment opportun pour verser votre philtre aux aliments ou dans une boisson que vous offrirez à la personne aimée.

À RETENIR

Si vous fabriquez un philtre pour que deux personnes tombent en amour (en vous excluant vous-même), vous devrez faire en sorte que ces mêmes personnes boivent chacune une partie du philtre. Donc, en l'occurrence, vous verserez votre potion dans deux boissons ou aliments que chacun consommera afin que le philtre puisse agir.

Quelques simples pour philtres d'amour

aneth	coriandre	marjolaine	primevère
anis	cumin	mercuriale	quintefeuille
basilic	fenouil	pervenche	romarin
cardamome	fleurs de tilleul	pétales de rose	thym
cardiaire	gingembre	pétales de violette	valériane
chicorée	ginseng	pomme (fleur et fruit)	verveine

Carrés magiques d'amour

Nous allons à présent aborder les carrés magiques. C'est carrés se comparent facilement aux talismans que les sorciers et sorcières utilisent couramment. Contrairement à un talisman que vous auriez créé, leurs symbolismes proviennent d'un passé beaucoup plus lointain, généralement du moyen-âge. La force (ou l'énergie) qu'ils dégagent en est encore plus mystique. Le moyen d'acquérir la clé du succès dans ce domaine repose entièrement sur la façon dont vous allez charger ces carrés magiques, c'est-à-dire, la manière dont vous imprégnerez ces symboles avec votre propre force.

Pour commencer, vous allez créer un espace de travail dédié à cette oeuvre que vous vous apprêtez à faire; tracer un cercle magique. Comme vous n'aurez besoin du concours d'aucune entité pour ce travail, tracez un cercle simple. Par la suite, purifiez-le comme vous êtes habitué de le faire. Vous pouvez utiliser des bougies blanches que vous disposerez aux quatre points cardinaux et sur votre autel si vous en ressentez le besoin. Ensuite, allumez un encens d'amour ou de concentration, vous allez en avoir grand besoin.

Asseyez-vous face à l'est et détendez-vous. Mentalisez votre désir comme s'il était déjà réalisé, (voyez-vous dans les bras de l'autre personne par exemple) de façon très intense pendant environs dix minutes. Puis, prenez votre matériel et transcrivez le carré magique en suivant la méthode prescrite qui lui correspond.

COMMENT TRACER LE CARRÉ MAGIQUE

Vous commencerez par la première lettre en haut à gauche et continuerez vers la droite, puis de même pour la ligne suivante et ainsi de suite. Pendant tout le temps que vous prendrez pour transcrire le carré, visualisez votre désir. À chaque lettre que vous tracerez, prononcez-la à voix haute. Quand le carré est terminé, dites:

Cela est fait, reçois maintenant la vie!

COMMENT DONNER LA VIE

Maintenant, comme vous venez tout juste de le mentionner, vous allez donner la vie à votre carré magique. Il est vrai qu'en tant que tel, le symbole que forment les lettres est puissant en lui-même. Toutefois, en suivant la technique suivante, vous décuplerez sa puissance suggestive.

Placez le carré au centre de l'autel. Fermez les yeux et visualisez encore une fois votre désir le plus intensément que cela vous est possible. Sentez l'énergie de votre désir devenir de plus en plus tangible. Ressentez sa chaleur monter en vous. Visualisez l'énergie s'étendre en dehors de votre corps, comme si vous étiez entouré d'une aura de puissance. Ensuite, dirigez cette énergie dans vos mains. Compressez-la. Maintenant, tout en gardant votre désir en tête, étendez vos mains au-dessus du carré magique et projetez-y toute cette énergie en un éclair. Dites ensuite:

Objet de pouvoir, désirs réalisés!
Qu'il en soit ainsi car telle est ma volonté!

AU SUJET DES ENTITÉS

Il est vrai que certains rituels, bons et/ou maléfiques, attirent de temps en temps des Entités, parfois errantes, parfois intimement reliées au rituel même. Cependant n'ayez aucune crainte car même si cela devait se produire, aucun mal ne peut vous être fait. Dans le pire des cas, une certaine perte d'énergie personnelle peut être observée. Il ne faut pas avoir peur de perdre pour gagner quelque chose par la suite!

Pour vous familiariser avec ce qui vient d'être dit, voici un fait qui as été expérimenté par un magicien d'ici (dont le nom demeurera confidentiel) grâce au concours d'un médium. Après avoir conçu un curieux carré magique d'amour, ce magicien le mis autour de son cou pour une période d'un cycle Lunaire complet. Quand il portait ce carré magique, il ressentait une légère faiblesse dans son bras droit. N'étant guère plus affecté, il décida de poursuivre le charme. Au bout de quelques jours, le médium (un proche du magicien) lui fit part d'un rêve étrange à son sujet. Il avait vu le magicien étant suivi dans sa maison par une entité verdâtre. Cette dite entité ne semblait point agressive ni malveillante, elle ne faisait que suivre le magicien dans tous ses déplacements. Quand le cycle Lunaire fit complété et le charme détruit, on n'entendit plus parler de cette entité, ni en songes, ni par clairvoyance. La conclusion fût que le magicien, par l'utilisation du charme, avait invoqué indirectement une entité qui le suivait de façon à rendre opérante la force suggestive du carré magique. Autrement dit, elle aida le magicien dans ce charme, lequel fût un grand succès. Quand il le *retourna à la terre*, l'entité repartit dans sa sphère d'origine.

LE RETOUR À LA TERRE

Lorsque votre carré magique aura accompli sa tâche, vous le retournerez à la terre. C'est-à-dire que vous irez l'enterrer à un endroit ou nul ne pourra le trouver. De cette façon, la charge deviendra inopérante et toutes Entités emprisonnées par le charme seront dès lors libérées.

POUR SE FAIRE AIMER D'UN HOMME

Q	E	B	H	I	R
E	R	A	I	S	A
B	A	Q	O	L	I
H	I	O	L	I	A
I	S	L	I	A	C
R	A	I	A	C	A

En utilisant une aiguille stérilisée, tirez du sang de votre pouce droit et transcrivez le carré magique sur un morceau de parchemin vierge (de préférence) ou une feuille de papier, le tout en forme de coeur. Parfumez le papier avec du jasmin. Insérez le carré magique dans une enveloppe et postez-la discrètement à l'homme de vos désirs.

POUR SE FAIRE AIMER D'UNE FEMME

E	F	E	H	A
F				L
E				Q
H				A
A	L	Q	A	S

En utilisant une aiguille stérilisée, tirez du sang de votre pouce droit et transcrivez le carré magique sur un morceau de parchemin vierge (de préférence) ou une feuille de papier, le tout en forme de coeur. Parfumez le papier avec de la rose. Insérez le carré magique dans une enveloppe et postez-la discrètement à la femme de vos désirs.

POUR REHAUSSER L'AMOUR DU PARTENAIRE

D	O	D	I	M
O				I
D				D
I				O
M	I	D	O	D

Gravez ce carré magique sur une plaquette de cuivre au jour et heure de Vénus. Quand le moment sera propice, touchez une partie nue de votre partenaire avec ce carré lors d'une Lune croissante.

POUR CONNAÎTRE LES SECRETS DE L'AMOUR

<pre>
C   E   D   I   D   A   H
E   A
D   D
I   I
D   D
A   E
H   A   D   I   D   E   C
</pre>

À la pleine Lune, tirez du sang de votre pouce droit et transcrivez le carré magique sur un morceau de parchemin vierge. Après avoir chargé le carré, concentrez-vous sur la question que vous désirez obtenir une réponse pendant au moins trente minutes. Ensuite enduisez-le d'une goutte d'huile de rose et déposez-le sous votre oreiller. La réponse vous viendra en rêve.

POUR OBTENIR L'AMOUR PLATONIQUE D'UN(E) AMI(E)

<pre>
I   A   L   D   A   H
A   Q   O   R   I   A
L   O   Q   I   R   F
D   R   I   I   D   E
A   I   R   D   R   O
H   A   F   E   O   N
</pre>

En utilisant une aiguille stérilisée, tirez du sang de votre pouce droit et transcrivez le carré magique sur un morceau de parchemin vierge ou sur du papier blanc. Écrivez le nom de la personne derrière et prononcez-le neuf fois à haute voix. Portez ce charme autour de votre cou avec une ficelle blanche.

POUR SE FAIRE AIMER D'UN PROCHE OU D'UNE CONNAISSANCE

M	O	D	A	H
O	K	O	R	A
D	O		O	D
A	R	O	K	O
H	A	D	O	M

En utilisant une aiguille stérilisée, tirez du sang de votre pouce droit et transcrivez le carré magique sur un morceau de parchemin vierge ou sur du papier blanc. Écrivez le nom de la personne derrière et prononcez-le neuf fois à haute voix. Portez ce charme sur vous en tout temps.

POUR OBTENIR L'AMOUR D'UN VEUF OU D'UNE VEUVE

E	L	E	M
L			E
E			L
M	E	L	E

En utilisant une aiguille stérilisée, tirez du sang de votre pouce droit et transcrivez le carré magique sur un morceau de papier rose en forme de coeur. Insérez le carré magique dans une enveloppe et postez-la discrètement à la personne de vos désirs.

LA PUISSANCE DES ENVOÛTEMENTS PAR LES POUPÉES

Les poupées, ou communément appelées poupées vaudou, sont uti-lisées pour pratiquer ce que l'on nomme la magie sympathique. Autrefois, ces poupées étaient associées aux prêtres vaudou. On disait d'eux qu'ils plantaient des aiguilles dans le but de faire souffrir les personnes à envoûter. De nos jours, nous savons bien que même si cela est exact, nous pouvons non seulement apporter tourments et haine mais aussi l'amour et bien plus encore.

Ce type de magie vous donnera une nouvelle arme magique pour tous vos usages personnels, d'autant plus que vous réaliserez bien assez tôt que leur utilisation est des plus agréables. La magie sympathique, est l'art de créer un lien subtil entre un objet et une personne précise ou un animal en se munissant autant que possible, d'un objet personnel ayant appartenu à la personne qui sera sous l'emprise du charme. C'est-à-dire que cet objet, en l'occurrence une poupée, deviendra plus qu'une représentation, mais bien la personne elle-même.

Donc quand une chose se produit contre la poupée, son lien (la personne) en ressent de même. Cette technique est excellente pour envoûter quelqu'un à distance.

Toutefois, n'allez pas croire qu'il suffit de confectionner une poupée, l'emplir d'une bourrure et d'y planter une aiguille pour que l'envoûtement fonctionne! Comme n'importe quoi d'autre en magie, vous aurez du travail à faire pour obtenir ce que vous désirez. Vous remarquerez avec le temps et après quelques expérimentations que ce n'est pas toujours le rituel qui semble être compliqué ou difficile à accomplir mais plutôt le matériel nécessaire, qui souvent n'est pas toujours aussi évident à se procurer pour oeuvrer. Si à un moment vous éprouvez le sentiment que la magie avec des poupées est complexe, dites-vous bien alors que cela n'est qu'une simple conception de votre mental.

Quoi qu'il en soit, la patience est une vertu et vous en aurez toujours de besoin tout au long de votre vie. Alors mieux vaut commencer dès aujourd'hui à la mettre en pratique. Nous allons voir à présent et en détail toutes les étapes nécessaires à la pratique de cet art.

LA COULEUR DE LA POUPÉE

Quand vous aurez trouvé votre besoin amoureux à combler (même s'il n'y a pas que l'amour qui puisse être obtenu par les poupées magiques), vous vous référerez au tableau des couleurs suivant pour savoir quelle sera la couleur appropriée à utiliser. Désirez-vous obtenir l'amour d'une personne en particulier? Peut-être désirez-vous simplement adoucir des relations amicales que vous vivez présentement, ou encore vous faire aimer d'une personne qui vous déteste...

Pour vous donner un aperçu des multiples possibilités à votre portée, vous trouverez dans le tableau quelques champs d'action possibles tout en demeurant bien sûr dans le contexte de l'amour.

COULEURS	CAUSES
Rouge	Pour l'amour véritable, les passions amoureuses.
Rose	Pour l'amitié, les liens solides.
Vert	Pour les désirs charnels et sexuels.
Bleu	Pour les sentiments, les émotions.
Noir	Pour se défaire d'un amant.

FABRICATION DE LA POUPÉE

1) La couleur étant à présent définie, vous commencerez par tailler un rectangle de tissu d'environs trente centimètres par cinquante. Si vous ne disposez point d'autant de tissu, vous pourrez toujours selon vos besoins confectionner une poupée plus petite. La taille n'a pas tellement d'importance. Pliez ensuite le tissu en deux et dessinez grossièrement avec un crayon une forme humaine telle qu'illustrée.

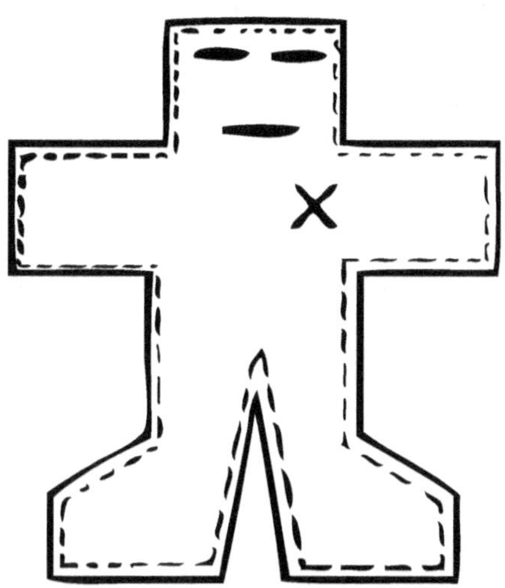

Par la suite vous découperez la forme à l'aide d'une paire de ciseaux, ce qui vous donnera pour résultante deux formes de tissu égales que vous coudrez ensemble, l'une sur l'autre avec une aiguille et du fil de la même couleur que le tissu. Prenez soins de ne pas coudre le bout de la tête, car il doit demeurer libre de façon à ce que vous puissiez y insérer le nécessaire pendant le rituel. Reproduisez également du mieux possible le traits humains, comme les yeux, la bouche, le coeur par une croix ainsi que les organes sexuels. Retournez maintenant le tissu, faisant en sorte que les coutures soient vers l'intérieur.

Voilà, la première étape de confection est terminée.

2) En vous référant à la liste des herbes d'amour, vous prendrez quelques herbes de votre choix afin de bourrer la poupée. Vous aurez peut-être besoin de les écraser légèrement pour quelles puissent emplir les parties plus étroites. Quand votre poupée sera dûment remplie, déposez-la sur votre autel, l'ouverture de la tête toujours non cousue jusqu'à ce que vous soyez prêt et que l'heure soit venue pour le rituel.

NOTE: Ne vous limitez pas au tissu. Si désiré, vous pouvez utiliser de la cire de couleur analogue pour fabriquer votre poupée d'amour. Toutefois, vous remarquerez qu'il n'est pas toujours simple d'incorporer des ingrédients à l'intérieur d'une poupée de cire. Le choix vous appartient. À vous d'employer la méthode la plus aisée.

Préparatifs

Dans un temple propre et dûment purifié par l'eau et le feu, vous disposerez votre autel (avec l'aide d'une boussole si nécessaire) face à l'Est. Sur le centre de celui-ci, reposera votre poupée flanquée de deux chandeliers. Vous aurez également besoin de votre fil, de votre aiguille, ainsi que d'articles ayant appartenu à la personne que vous désirez envoûter tel que des rognures d'ongle, mèche de cheveux, sang (ou sang menstruel), ou des vêtements qu'elle aura portés: bas, cravate, sous-vêtements, mouchoir, etc. Si jamais vous n'êtes pas dans la mesure de vous procurer l'un de ces articles, vous prendrez alors un morceau de papier comme alternative et écrirez dessus le nom ainsi que la date de naissance (si vous la connaissez) de la personne à envoûter.

À présent que vous avez rassemblé tout le nécessaire, vous n'avez qu'à attendre le moment propice pour envoûter cette personne dont l'amour à votre égard est tant convoité.

Cinq rituels pour l'amour

Voici cinq rituels que vous pourrez pratiquer avec vos poupées. Au premier abord, ils sembleront êtes un peu long, mais il n'en est rien. Le premier rituel sera expliqué dans tous les détails, tandis que les autres seront expliqués partiellement étant donné que certaines des parties seront répétées dans chaque rituel. Ces envoûtements correspondent aux cinq causes du tableau précédent. Ces envoûtements feront appel à Cernunnos, le Grand Cornu, le dieu des sorciers et sorcières. Vous l'imaginerez venir vers vous dans sa forme semi animale, avec sa tête couronnée d'andouillers ainsi que son phallus en érection. Voyez ses yeux briller depuis les confins de la forêt, comme il s'empresse vers vous, suite à votre appel. Il présidera à vos rituels et vous apportera sa force et son aide. Donc, le premier rituel suivant est destiné à vous procurer un amour véritable et les passions amoureuses qui s'y rattachent.

RITUEL PREMIER: POUR UN AMOUR VÉRITABLE ET LES PASSIONS AMOUREUSES

Matériel requis:

- Poupée de couleur rouge
- Encens de CERNUNNOS ou FEU DES PASSIONS
- Pastille de charbon et encensoir
- 2 bougies rouges
- 3 aiguilles
- Morceau de papier
- Une coupe d'eau

Ayant fait les préparatifs de base, votre autel et tout le matériel à portée de main, tracez un cercle magique conventionnel. Faites brûler une bonne quantité d'encens (assurez-vous d'alimenter votre encensoir pendant toute la durée du rituel). Allumez les bougies. Ensuite, appelez le Grand Cornu avec toute votre attention en faisant face au Nord; psalmodiez l'incantation de Cernunnos:

Eko! Eko Azarack! Eko! Eko! Zanelack!
Eko! Eko Cernunnos! Eko! Eko, Arada!
Bagabi lacha bachabe;
Lamac cahi achababa
Karellyos!
Lamac Lamac Bachalyas;
Cabahagy Sabalyas,
Baryolas!
Lagoz atha Cabyolas;
Samahac atha femyolas,
Harrahya!

Il se peut qu'après quelques instants, un frisson vous parcoure le long du dos. Cernunnos le Cornu sera là, tout près de vous. Ensuite, prenez les objets ayant appartenu à la personne que vous êtes sur le point d'envoûter, ceux que vous aurez été en mesure de vous procurer et insérez-les à l'intérieur de la poupée, un à un en prenant votre temps, le tout sous le regard de Cernunnos. Refermez ensuite la poupée avec l'aiguille et le fil à coudre. Si vous avez été capable de vous munir d'une mèche de cheveux, vous pouvez la coudre sur le dessus de la tête de la poupée. À présent, prenez le morceau de papier et écrivez dessus votre désir. *Soyez bref et très précis.* Ensuite, vous attacherez le papier au dos de la poupée. Puis, baptisez votre poupée au nom de la personne en l'aspergeant d'eau à trois reprises en proférant l'acte de baptême:

Au nom de Cernunnos le Cornu,
Je te baptise au nom de (nom de la personne).
Te voici maintenant,
Et à jamais devenue (nom de la personne).

Faites une triple croix au-dessus de la poupée avec votre index de la main gauche en disant:

Que cette volonté soit exaucée!
Qu'il en soit ainsi!

Prenez la poupée dans votre main gauche et une aiguille dans la droite. Levez-les haut au-dessus de l'autel et imaginez-vous ayant en main tout le pouvoir possible sur cette personne. Laissez Cernunnos vous aider dans cette phase du rituel. Laissez-vous emporter par vos émotions. Si vous ressentez le besoin de crier, faites-le! Si vous ressentez le besoin de héler le nom de Cernunnos, allez-y! Voyez la personne tomber sous votre envoûtement et ressentir ce dont vous désirez. Quand vous sentirez votre puissance atteindre son zénith, dites avec foi et force:

Ce n'est pas ma main qui agit,
Mais celle de Cernunnos, le Grand Cornu.
Comme cette aiguille perce ton coeur,
Que brûle de désir pour moi, (votre nom),
Les reins, l'âme et le coeur de (nom de la personne)!

Plongez avec force votre aiguille dans la région du coeur en disant:

Brûles, brûles d'amour pour moi!
Que cette volonté soit exaucée!

Répétez avec les deux autres aiguilles. Enveloppez ensuite la poupée dans un morceau de tissus propre et exorcisé (purifié à l'eau et au feu), et allez la porter dans le voisinage de la personne, dans sa maison si possible. Sinon, allez l'enterrer sur son terrain à un endroit où vous certain qu'elle foulera de ses pieds, un endroit où elle passera.

RITUEL SECOND: POUR L'AMITIÉ ET LES LIENS SOLIDES

Matériel requis:

- Poupée de couleur rose
- Encens MAÎTRE DU DÉSIR
- Pastille de charbon et encensoir
- 2 bougies roses
- 3 aiguilles
- Morceau de papier
- Une coupe d'eau

Ayant fait les préparatifs de base, votre autel et tout le matériel à portée de main, tracez un cercle magique conventionnel. Faites brûler une bonne quantité d'encens (assurez-vous d'alimenter votre encensoir pendant toute la durée du rituel). Allumez les bougies. Ensuite, appelez la dame des délices avec toute votre attention; psalmodiez l'incantation d'Habondia:

Dame des délices du croissant de lune,
Par les étoiles des le firmament,
Déverse tes rayons lunaires de l'amour.
Habondia, maîtresse de la Lune qui préside à l'amour,
Entends ma voix, exauce mon voeux, accorde-moi mon désir.
Habondia, maîtresse de l'amour,
Enchante ce chant, charme ceux que je désire.
Par ta lumière lunaire,
Je t'appelle dès lors en ce lieu pour l'amour.

Après quelques instants, quand Habondia sera là, prenez les objets ayant appartenu à la personne à envoûter et insérez-les à l'intérieur de la poupée, un à un en prenant votre temps. Refermez ensuite la poupée avec l'aiguille et le fil à coudre. Puis, prenez le morceau de papier et écrivez dessus votre désir. *Soyez bref et très précis.* Ensuite, vous attacherez le papier au dos de la poupée. Puis, baptisez votre poupée au nom de la personne en l'aspergeant d'eau à trois reprises en proférant l'acte de baptême:

Au nom de Habondia dame des délices,
Je te baptise au nom de (nom de la personne).
Te voici maintenant,
Et à jamais devenue (nom de la personne).

Faites une triple croix au-dessus de la poupée avec votre index de la main gauche en disant:

Que cette volonté soit exaucée!
Qu'il en soit ainsi!

Prenez la poupée dans votre main gauche et une aiguille dans la droite. Levez-les haut au-dessus de l'autel et imaginez-vous ayant en main tout le pouvoir possible sur cette personne. Laissez Cernunnos vous aider dans cette phase du rituel. Voyez la personne tomber sous votre envoûtement et ressentir ce dont vous désirez: une profonde amitié. Laissez-vous emporter par vos émotions, comme indiqué lors du premier rituel. Quand vous sentirez votre puissance atteindre son zénith, dites avec foi et force:

Ce n'est pas ma main qui agit,
Mais celle de la dame des délices; Habondia.
Comme cette aiguille perce ton esprit,
Que (nom de la personne) ne veuille que moi (votre nom),
Comme unique ami(e) et confident(e)!

Plongez avec force votre aiguille dans la région du plexus solaire en disant:

Tu te rapproches de moi!
Que cette volonté soit exaucée!

Répétez avec les deux autres aiguilles. Enveloppez ensuite la poupée dans un morceau de tissus propre et exorcisé (purifié à l'eau et au feu), et allez la porter dans le voisinage de la personne, dans sa maison si possible. Sinon, allez l'enterrer sur son terrain à un endroit où vous certain qu'elle foulera de ses pieds, un endroit où elle passera.

RITUEL TROISIÈME: POUR LES DÉSIRS CHARNELS ET SEXUELS

Matériel requis:

- Poupée de couleur verte
- Encens de CERNUNNOS
- Pastille de charbon et encensoir
- 2 bougies vertes
- 3 aiguilles
- Morceau de papier
- Une coupe d'eau

Ayant fait les préparatifs de base, votre autel et tout le matériel à portée de main, tracez un cercle magique conventionnel. Faites brûler une bonne quantité d'encens (assurez-vous d'alimenter votre encensoir pendant toute la durée du rituel). Allumez les bougies. Ensuite, appelez le Grand Cornu avec toute votre attention en faisant face au Nord; psalmodiez l'incantation de Cernunnos:

Eko! Eko Azarack! Eko! Eko! Zanelack!
Eko! Eko Cernunnos! Eko! Eko, Arada!
Bagabi lacha bachabe;
Lamac cahi achababa
Karellyos!
Lamac Lamac Bachalyas;
Cabahagy Sabalyas,
Baryolas!
Lagoz atha Cabyolas;
Samahac atha femyolas,
Harrahya!

Après quelques instants, quand Cernunnos le Cornu sera là, prenez les objets ayant appartenu à la personne à envoûter et insérez-les à l'intérieur de la poupée, un à un en prenant votre temps. Refermez ensuite la poupée avec l'aiguille et le fil à coudre. Puis, prenez le morceau de papier et écrivez dessus votre désir. *Soyez bref et très précis.* Ensuite, vous attacherez le papier au dos de la poupée. Puis, baptisez votre poupée au nom de la personne en l'aspergeant d'eau à trois reprises en proférant l'acte de baptême:

Au nom de Cernunnos le Cornu,
Je te baptise au nom de (nom de la personne).
Te voici maintenant,
Et à jamais devenue (nom de la personne).

Faites une triple croix au-dessus de la poupée avec votre index de la main gauche en disant:

Que cette volonté soit exaucée!
Qu'il en soit ainsi!

Prenez la poupée dans votre main gauche et une aiguille dans la droite. Levez-les haut au-dessus de l'autel et imaginez-vous ayant en main tout le pouvoir possible sur cette personne. Laissez Cernunnos vous aider dans cette phase du rituel. Voyez la personne tomber sous votre envoûtement et ressentir ce dont vous désirez: le désir physique. Laissez-vous emporter par vos émotions, comme indiqué lors du premier rituel. Quand vous sentirez votre puissance atteindre son zénith, dites avec foi et force:

Ce n'est pas ma main qui agit,
Mais celle de Cernunnos, le Grand Cornu.
Comme cette aiguille perce ton âme,
Qu' hurle de désir pour moi, (votre nom),
Le corps, l'âme et le sexe de (nom de la personne)!

Plongez avec force votre aiguille dans la région des organes génitaux en disant:

Tu désires mon corps, sexuellement tu me veux!
Que cette volonté soit exaucée, car c'est ce que je veux!

Répétez avec les deux autres aiguilles. La seconde sera plantée au centre de la région des côtes droites. La troisième sera plantée dans la hanche gauche. Enveloppez ensuite la poupée dans un morceau de tissus propre et exorcisé (purifié à l'eau et au feu), et allez la porter dans le voisinage de la personne, dans sa maison si possible. Sinon, allez l'enterrer sur son terrain à un endroit où vous certain qu'elle foulera de ses pieds, un endroit où elle passera.

RITUEL QUATRIÈME: POUR SENTIMENTS ET LES ÉMOTIONS (L'AMOUR LENT)

Matériel requis:
- Poupée de couleur bleue
- Encens de l'Élément EAU (de préférence) ou autre encens
- Pastille de charbon et encensoir
- 2 bougies bleues
- 3 aiguilles
- Morceau de papier
- Une coupe d'eau

Ayant fait les préparatifs de base, votre autel et tout le matériel à portée de main, tracez un cercle magique conventionnel. Faites brûler une bonne quantité d'encens (assurez-vous d'alimenter votre encensoir pendant toute la durée du rituel). Allumez les bougies. Ensuite, appelez la Dame des délices avec toute votre attention; psalmodiez l'incantation d' Habondia:

Au nom de Habondia dame des délices,
Je te baptise au nom de (nom de la personne).
Te voici maintenant,
Et à jamais devenue (nom de la personne).

Après quelques instants, quand Habondia sera là, prenez les objets ayant appartenu à la personne à envoûter et insérez-les à l'intérieur de la poupée, un à un en prenant votre temps. Refermez ensuite la poupée avec l'aiguille et le fil à coudre. Puis, prenez le morceau de papier et écrivez dessus votre désir. *Soyez bref et très précis.* Ensuite, vous attacherez le papier au dos de la poupée. Puis, baptisez votre poupée au nom de la personne en l'aspergeant d'eau à trois reprises en proférant l'acte de baptême:

Au nom de Habondia dame des délices,
Je te baptise au nom de (nom de la personne).
Te voici maintenant,
Et à jamais devenue (nom de la personne).

Faites une triple croix au-dessus de la poupée avec votre index de la main gauche en disant:

Que cette volonté soit exaucée!
Qu'il en soit ainsi!

Prenez la poupée dans votre main gauche et une aiguille dans la droite. Levez-les haut au-dessus de l'autel et imaginez-vous ayant en main tout le pouvoir possible sur cette personne. Laissez Cernunnos vous aider dans cette phase du rituel. Voyez la personne tomber sous votre envoûtement et ressentir ce dont vous désirez: éprouver des sentiments envers vous. Laissez-vous emporter par vos émotions, comme indiqué lors du premier rituel. Quand vous sentirez votre puissance atteindre son zénith, dites avec foi et force:

Ce n'est pas ma main qui agit,
Mais celle de la dame des délices; Habondia.
Comme cette aiguille perce ta perception de l'amour,
Qu'éprouves intensément pour moi, (votre nom),
L'esprit, le coeur et les sentiments de (nom de la personne)!

Plongez avec force votre aiguille dans la région de la tête en disant:

Tu désires mon amour, tu es mon amoureux!
Que cette volonté soit exaucée, car c'est ce que je veux!

Répétez avec les deux autres aiguilles. La seconde sera plantée dans la région du coeur. La troisième sera plantée dans la hanche gauche. Enveloppez ensuite la poupée dans un morceau de tissus propre et exorcisé (purifié à l'eau et au feu), et allez la porter dans le voisinage de la personne, dans sa maison si possible. Sinon, allez l'enterrer sur son terrain à un endroit où vous certain qu'elle foulera de ses pieds, un endroit où elle passera.

RITUEL CINQUIÈME: POUR SE DÉFAIRE D'UN AMANT

Matériel requis:
- Poupée de couleur noire
- Encens de SÉPARATION
- Pastille de charbon et encensoir
- 2 bougies noires
- 3 aiguilles
- Morceau de papier
- Une coupe d'eau

Ayant fait les préparatifs de base, votre autel et tout le matériel à portée de main, tracez un cercle magique conventionnel. Faites brûler une bonne quantité d'encens (assurez-vous d'alimenter votre encensoir pendant toute la durée du rituel). Allumez les bougies. Ensuite, appelez le Grand Cornu avec toute votre attention en faisant face au Nord; psalmodiez l'incantation de Cernunnos:

Eko! Eko Azarack! Eko! Eko! Zanelack!
Eko! Eko Cernunnos! Eko! Eko, Arada!
Bagabi lacha bachabe;
Lamac cahi achababa
Karellyos!
Lamac Lamac Bachalyas;
Cabahagy Sabalyas,
Baryolas!
Lagoz atha Cabyolas;
Samahac atha femyolas,
Harrahya!

Après quelques instants, quand Cernunnos le Cornu sera là, prenez les objets ayant appartenu à la personne à envoûter et insérez-les à l'intérieur de la poupée, un à un en prenant votre temps. Refermez ensuite la poupée avec l'aiguille et le fil à coudre. Puis, prenez le morceau de papier et écrivez dessus votre désir. *Soyez bref et très précis.* Ensuite, vous attacherez le papier au dos de la poupée. Puis, baptisez votre poupée au nom de la personne en l'aspergeant d'eau à trois reprises en proférant l'acte de baptême:

> *Au nom de Cernunnos le Cornu,*
> *Je te baptise au nom de (nom de la personne).*
> *Te voici maintenant,*
> *Et à jamais devenue (nom de la personne).*

Faites une triple croix au-dessus de la poupée avec votre index de la main gauche en disant:

> *Que cette volonté soit exaucée!*
> *Qu'il en soit ainsi!*

Prenez la poupée dans votre main gauche et une aiguille dans la droite. Levez-les haut au-dessus de l'autel et imaginez-vous ayant en main tout le pouvoir possible sur cette personne. Laissez Cernunnos vous aider dans cette phase du rituel. Voyez la personne tomber sous votre envoûtement et ressentir ce dont vous désirez: s'éloigner de vous et vous laisser en paix. Laissez-vous emporter par vos émotions, comme indiqué lors du premier rituel. Quand vous sentirez votre puissance atteindre son zénith, dites avec foi et force:

> *Ce n'est pas ma main qui agit,*
> *Mais celle de Cernunnos, le Grand Cornu.*
> *Comme cette aiguille perce ton amour,*
> *Que s'écoule et s'éloigne de moi, (votre nom),*
> *L'amour, le désir et les sentiments de (nom de la personne)!*

Plongez avec force votre aiguille dans la région de la tête en disant:

> *Tu ne me désires plus, c'est terminé!*
> *Vas en paix, que cette volonté soit exaucée!*

Répétez avec les deux autres aiguilles. La seconde sera plantée dans l'épaule droite. La troisième sera plantée dans la hanche droite. Enveloppez ensuite la poupée dans un morceau de tissus propre et exorcisé (purifié à l'eau et au feu), et allez la porter dans le voisinage de la personne, dans sa maison si possible. Sinon, allez l'enterrer sur son terrain à un endroit où vous certain qu'elle foulera de ses pieds, un endroit où elle passera.

Rituels avec photographies

FORCEZ SON AMOUR

Matériel requis:

- Bougie rose
- Encens de jasmin ou de rose
- Photographie de la personne
- Morceau de tissu rouge
- Fleurs d'oranger
- Ficelle rouge

Un Vendredi de lune croissante, à la lueur d'une bougie rose, allumez l'encens. Entendez sur votre autel un morceau de tissu et placez au centre de celui-ci des fleurs d'oranger. Placez sur les fleurs la photographie. Visualisez maintenant avec toute la force dont vous disposez que vous êtes avec votre amour, que cette personne vous aime et vous serre dans ses bras affectueusement. Dites ensuite:

Bats pour moi, coeur de mortel.
Rêve à moi sous la Lune si belle.
Viens vers moi sous le Soleil d'or,
Maintenant et par-delà la mort!

Ensuite, faites une pochette avec le tissu, et attachez-la solidement avec de la ficelle rouge. Enterrez votre charme le plus près possible de la fenêtre de chambre de la personne aimée.

POCHETTE D'AMOUR

Matériel requis:

* Petite bougie blanche
* photographie
* aiguille
* sachet d'herbes

Confectionnez une pochette avec un morceau de tissu rouge. À l'intérieur vous y placerez les herbes d'amour suivantes: basilic, pétales de rose et verveine. Ajoutez si possible un objet ayant appartenu à la personne ou une mèche de cheveux et sa photographie. Ensuite, prenez l'aiguille et gravez sur la bougie la phrase suivante: *"Mon amour unique, viens vers moi, ceci est ma volonté, tel soit!"* Allumez ensuite la bougie et déposez-la sur votre autel. Fixez la flamme et visualisez-vous en compagnie de la personne que vous aimez, entrelacés et amoureux. Lorsque la bougie sera éteinte, récupérez les restes de cire, placez-les à l'intérieur de votre pochette et refermez-la. Portez-la sur vous dans tous vos déplacements. Pour rompre ce sort, brûlez la pochette et jetez les cendres dans une rivière.

SORT D'AMOUR TOUT USAGE

Matériel requis:

* Bougie rouge
* Cristal de quartz
* Photographie de la personne

Prenez une bougie rouge et gravez dessus à l'aide du quartz un symbole représentant ce que vous désirez obtenir de la personne aimée. Sentez votre énergie pénétrer la bougie alors que vous gravez le symbole et visualisez fortement votre désir comme s'il était déjà accompli. Allumez ensuite la bougie et poursuivez votre visualisation pendant au moins une trentaine de minutes. Le plus d'énergie vous donnerez, plus les résultats seront tangibles. Prenez ensuite la photographie et brûlez-la dans la flamme en disant:

(Son nom), tu brûles d'amour pour moi, (votre nom),
Feu éternel, tu m'aimes, Feu de passion je t'aime,
Puissent les dieux bénir notre union!

ROMPEZ DOUCEMENT UNE RELATION

Matériel requis:

* bougie noire pour l'homme
* bougie rouge pour la femme
* photographie du couple
* aiguille

Ce rituel peut être pratiqué pour vous ou pour une personne qui vous demande de l'aide. Avec une aiguille, gravez le nom des personnes sur leurs bougies respectives. Prenez ensuite la bougie représentant le partenaire dans vos mains et dites-lui pourquoi il n'y a plus de réciprocité pour ses sentiments amoureux. Souhaitez-lui tout le bien qu'il mérite et qu'il puisse rencontrer son futur amour. Visualisez la personne heureuse de nouveau. Placez les bougies côte à côte sur la photographie, allumez-les et séparez-les de quelques centimètres. Laissez les brûler pendant quinze minutes pendant que vous visualiserez la rupture de cette relation en bons termes. Répétez le même procédé à chaque jour en séparant de plus en plus les bougies l'une de l'autre. Après une semaine, déchirez la photographie en deux, prenez les restes de chandelles et enterrez-les dans le sol en visualisant la rupture.

POUR SE FAIRE CONTACTER

Matériel requis:

* 1 bougie blanche
* Encens de bois de santal
* Verre d'eau
* Photographie de la personne
* sel

Ce rituel consiste à causer chez la personne aimée une envie de communiquer avec vous. À l'intérieur d'un cercle magique, allumez l'encens. Ensuite, allumez la bougie et déposez-la sur votre autel. Placez la photographie devant la bougie. Puis, prenez dans votre main droite une poignée de sel et versez-en une petite quantité dans le verre d'eau tout en disant avec conviction:

Appelle moi mon amour... car tu m'entends.

Répétez le tout trois fois. Ensuite, déposez le verre sur l'autel devant la bougie et placerez la photographie debout contre le verre. Fixer profondément la photographie en mentalisant le fait que cette personne se doit de vous appeler à tout prix. Cette personne devrait vous contacter d'ici le temps que l'eau se soit tout évaporée.

SCELLEZ UN AMOUR

Matériel requis:
* photographie du couple
* bougie rouge
* sel

Munissez-vous d'une photographie du couple, (ou à la rigueur deux photos, une de vous et une de votre partenaire disposées une à côté de l'autre). Prenez une bougie rouge et placez-la au centre de la photographie. Ensuite, faites un cercle de sel tout autour. Craquez une allumette et, main droite sur le coeur, allumez la bougie de la main gauche en disant:

Cette flamme symbolise notre union,
Ce feu ardent de l'amour.
Ensemble à l'unisson,
Liés l'un à l'autre pour toujours.

Méditez sur ces paroles en regardant la flamme pendant un moment et laissez la bougie s'éteindre d'elle-même.

ÉLOIGNEZ UN PRÉTENDANT

Matériel requis:
* 4 boules de cire noire
* 4 aiguilles
* Poivre
* Photographie du prétendant

Quelqu'un tente de courtiser l'un ou l'une de vos proches et vous savez que cette personne ne lui apportera que du mal? Vous pouvez agir, mais garde au choc en retour si votre action n'est point justifiée. Par une nuit de Lundi, lorsque la lune sera décroissante, faites quatre boules de cire et incorporez-y un morceau de la photographie (déchirée en quatre) ainsi qu'une pincée de poivre. Passez les boules de cire et les aiguilles par neuf fois dans de la fumée de poivre en psalmodiant:

Rien ne persiste, rien ne perdure.
Tout lui résiste car c'est une ordure!
Aucunes émotions pour ce(cette) prétendant(e) mal intentionné(e),
Cet amour est étouffé, la passion déjà consumée!
Dos à dos, chacun son chemin, car telle est ma volonté!

Insérerez les aiguilles dans chaque boule de cire. Placez les charmes aux endroits où le couple a l'habitude de se retrouver. Le résultat sera tel que le couple se querellera et finira par se séparer.

FIN DE RELATION

Matériel requis:
* Bougie noire
* Photographie de la personne
* Ruban noir

Centrez-vous un moment sur la relation et allumez la bougie. Concentrez vos pensées sur la personne en regardant sa photographie. Suggérez-lui de vous quitter. Puis, attachez le ruban noir autour de la photographie, au niveau des yeux, signifiant que vous désirez maintenant être hors de vue. Psalmodiez:

Sans mal envers toi, tel soit! (n.n.), je me libère de ton amour.
Tu t'éloignes et ne me regardes plus, la relation est terminée,
Car telle est ma volonté!

Visualisez alors que brûle la bougie, la personne vous quittant en bons termes. Puis, concluez en enterrant la photographie dans un terrain vague, le plus loin possible de votre demeure.

BRISEZ UN CHARME D'AMOUR

Matériel requis:

- chaudron magique ou bol noir
- bougie noire
- photographie du couple

Placez et fixez une bougie noire dans votre chaudron magique. Ensuite, remplissez le chaudron jusqu'au bord avec de l'eau fraîche. Centrez-vous et allumez la bougie. Visualisez que la puissance du charme d'amour se transfert et réside à présent dans la flamme de la bougie. Asseyez-vous silencieusement. Contemplez la flamme -visualisez la puissance s'accumuler en s'intensifier. Transférez le charme entièrement. Prenez ensuite la photographie du couple et brûlez-la. Quand vous ne pourrez plus tenir la photographie, jetez-la dans le chaudron. Continuez cette visualisation jusqu'à ce que la flamme s'éteigne d'elle même dans l'eau. Comme elle s'éteint, le sort sera dissipé. Enterrez les restes dans un terrain vague.

LES OREILLERS MAGIQUES

Les oreillers magiques ou pochettes d'herbes sont un moyen efficace pour parvenir à vos fins et atteindre vos idéaux dans le domaine de l'amour. Combinant ainsi les effets des poudres magiques et des oreillers, vous aurez en main une toute nouvelle arme pour influencer votre destin. Comment cela fonctionne-t-il? Rien de plus simple. La base de tous oreillers magiques est le mélange d'herbes qu'ils contiennent. Ces herbes réduites le plus finement possible possèdent des qualités hors du commun et constituent de puissants charmes à elles seules.

Pour fabriquer vos oreillers vous devrez tout d'abord fabriquer votre mélange, votre poudre magique. Ensuite, vous confectionnerez une petite pochette de tissu de la couleur indiquée et vous y insérerez la poudre en prenant soin de bien refermer la pochette par la suite. Voilà, votre oreiller est prêt!

Le mode d'emploi est comme suit; à toutes les nuits, pendant sept nuits consécutives, vous dormirez la tête sur votre pochette magique, laquelle sera placée dans la taie de votre oreiller. Pendant ces sept nuits, vous bénéficierez des influences de l'oreiller que vous aurez confectionné. Ensuite, le huitième jour, vous récupérerez la poudre de votre oreiller magique et l'utiliserez de l'une des manières suivantes:

- La poudre sera brûlée comme encens sur une pastille de charbon. Si vous invitez votre amoureux potentiel chez vous, brûlez la poudre dans la pièce où vous devez passer du temps ensemble.
- La poudre sera saupoudrée sur vos vêtements ou sur la personne visée à son insu.

- La poudre sera saupoudrée dans votre demeure, sur votre lit ou à l'endroit fréquenté par la personne visée. Encore mieux si vous pouvez le faire directement chez cette personne.
- La poudre sera ajoutée et incorporée comme accessoire dans un rituel d'amour. Par exemple: elle sera brûlé comme encens, insérée dans une poupée magique, saupoudrée sur l'autel, etc. Les possibilités sont infinies.

Les recettes suivantes sont toutes constituées de quantités égales.

APHODEX

Couleur: rouge
- Oeillet
- Cardamome
- Coriandre
- Ambregris
- Musc

Aphrodisiaque très populaire pour inciter et accentuer les désirs sexuels et amoureux.

ARABIA

Couleur: rouge
- Rose
- Lilas
- Huile de myrrhe

Attire l'amitié, aide à forcer les gens à vous trouver attirant(e) et stimulant(e). Excellent pour les amoureux potentiels.

À TOUT PRIX

Couleur: rouge
- Jasmin
- Patchouli
- Cannelle

Puissante recette poussant les gens du sexe opposé à faire tout en leur pouvoir pour vous plaire. Induit à la romance et à la sexualité romanesque.

ATTRACTION

Couleur: orange

- Fleurs d'oranger
- Menthe
- Musc

Pour forcer le retour de votre bien-aimé(e). Ce mélange pousse les gens à faire tout ce qui est possible pour vous plaire.

COEUR DE COLOMBE

Couleur: rose

- Marjolaine
- Cardamome
- Vanille
- Oliban
- Pétales d'oeillets rouges

Adouci les émotions et aide grandement à résoudre les problèmes amoureux.

CONQUÉRANT

Couleur: jaune

- Rose
- Chèvrefeuille
- Oliban
- Vétiver
- Puissant mélange pour conquérir le coeur des personnes qui vous plaisent.

COURTISANNE

Couleur: violet

- Muguet

Cette herbe vous aidera à faire en sorte que la personne aimée réponde favorablement à vos avances et veuille développer une relation d'amitié.

DÉESSE DE L'AMOUR

Couleur: rose

- Rose
- Huile de rose
- Huile de menthe
- Huile de musc

Puissant aphrodisiaque à utiliser avec précautions. Peut même jusqu'à faire ressortir les instincts bestiaux chez certaines personnes.

FEU DU DRAGON

Couleur: rouge

- Sang-de-dragon
- Oliban
- Myrrhe

Force toute personne à agir selon vos convenances et désirs amoureux.

FORTUNA

Couleur: violet

- Vanille
- Patchouli
- Cannelle

Pour attirer l'amour et la bonne fortune dans les histoires de coeurs.

LONGUES NUITS

Couleur: rouge

- Jasmin
- huile d'amande

Cette combinaison d'huiles aide à soulager tous les problèmes et inhibitions sexuels. Détend et enflamme.

MAGMA

Couleur: bleu

- Bois de santal
- Cannelle
- Myrrhe
- Racine d'iris

Puissante recette pour amener l'amour à vous et accroître votre magnétisme sexuel.

NUITS DE PLAISIRS

Couleur: rouge

- Melon
- Bois de santal
- Rose

Puissant mélange chassant les inhibitions chez les personnes l'utilisant. Augmente aussi les plaisirs.

POUDRE DE FEU

Couleur: rouge

- Cannelle
- Chèvrefeuille
- Rose
- Verveine
- Ce mélange vous rendra plus excitant aux yeux du sexe opposé. Après les sept jours, brûlez les herbes dans la pièce où le couple se retrouvera. Prenez garde, certaines personnes sous l'influence de ce charme pourraient devenir jalouses et possessives.

SATYRE

Couleur: violet

- Ambregris
- Cannelle
- Civette
- Valériane

Pour inciter quiconque vous approchant à la passion et aux désirs amoureux.

VILE PASSION

Couleur: rose

- Rose
- Lavande
- Verveine

Incite les couples à se laisser aller à la passion. Peut aussi aider à concevoir un enfant.

Talismans amoureux

Comme vous avez sûrement pu vous en apercevoir au fil des pages de ce livre, il existe de nombreuses facettes à la magie et d'autant plus de manières de provoquer les choses et les événements de la vie courante pour parvenir aux buts que vous vous êtes fixés en amour.

Dans l'Univers, tout est interrelié. Les arbres et les plantes sont reliés à la terre, au soleil, à l'eau. Les marrées sont reliées à la Lune, les planètes gravitant autour du soleil sont reliées les unes aux autres. Tous ces éléments forment un unique TOUT. Ainsi en est-il pour les talismans.

Chacun étant relié à un désir profond, à une idée bien définie, ils sont également intimement reliés aux astres et aux éléments. Même les esprits ou intelligences planétaires sont sous les auspices de ces corps célestes. La magie talismanique est une nouvelle arme que vous pourrez mettre à profit. Suivez scrupuleusement les indications qui suivent et le succès ne manquera pas de frapper à votre porte. Retenez que la création d'un talisman est un rituel en soit. Or, il n'est nullement nécessaire d'agir avec hâte. Prenez tout votre temps pour bien vous préparer. Un talisman griffonné rapidement sur le coin d'une table ne sera jamais opérationnel...

La tradition demande que les talismans soient gravés sur des plaques métalliques analogues aux métaux planétaires. Les puristes vous diront évidemment que l'on ne peut déroger de cette règle, cependant, il est possible d'outrepasser de tels procédés. Au lieu d'utiliser des métaux (comme pour l'or et l'argent qui s'avèrent plutôt dispendieux), vous vous rangerez du côté des couleurs planétaires dans le cas où vos finances ne vous permettent guère l'utilisation de plaques métalliques. En effet, en guise de remplacement pour les métaux, vous tracerez vos talismans avec les encres analogues à la planète régissant le talisman. Par exemple, un talisman de Vénus qui se devrait d'être gravé sur le cuivre, sera tracé avec une encre de couleur verte.

Si vous optez pour les encres planétaires, vous devrez utiliser du parchemin vierge de préférence, ou des feuilles de papier blanches, comme base pour tous vos talismans. C'est une alternative fiable et on ne peut plus abordable.

COMMENT FABRIQUER LES TALISMANS

Le procédé est à toute fin identique au mode de fabrication des carrés magiques. Pour commencer, créez un espace de travail dédié à cette oeuvre. Tracez un cercle magique et purifiez-le. Vous pouvez utiliser des bougies de couleur analogue au talisman que vous disposerez aux quatre points cardinaux et sur votre autel. Ensuite, allumez un encens d'amour ou un encens ayant une correspondance avec le but du travail (de préférence). Asseyez-vous face à l'est, (ou face au point cardinal dans le cas d'un talisman élémentaire) et détendez-vous. Mentalisez votre désir comme s'il était déjà réalisé, (voyez-vous dans les bras d'une autre personne par exemple, etc.) de façon très intense pendant environ dix minutes. De cette manière, juste par la pensée, vous réussirez à amplifier et ajuster l'atmosphère vibratoire, un grand secret sur le succès en magie. Puis, prenez votre matériel et tracez le talisman avec minutie.

COMMENT DONNER LA VIE

À présent, vous allez donner la vie à votre talisman. Bien que puissant en lui même, le don de la vie est une étape fort importante pour décupler sa puissance suggestive.

Placez le talisman au centre de l'autel. Fermez les yeux et visualisez votre désir le plus intensément possible pendant un bon moment. Voyez l'énergie de votre désir devenir de plus en plus tangible et présente. Ressentez sa chaleur monter en vous. Visualisez l'énergie s'étendre en dehors de votre corps, comme si vous étiez entouré d'une aura de puissance. Dirigez cette énergie dans vos mains. Compressez-la. Maintenant, tout en gardant l'image mentale de votre désir, étendez vos mains au-dessus du talisman et projetez-y toute cette énergie en un éclair. Assurez-vous de bien transférer l'énergie entièrement. Au même moment, vous répéterez en guise de mantra le nom des Entités reliées au talisman s'il y en a, l'effet qu'il doit apporter, le nom de la planète qui le régit, ou un amalgame de toutes ces options.

Votre talisman est terminé. Enveloppez-le dans un morceau de tissu neuf de la couleur planétaire correspondante ou blanc universel. Généralement, les praticiens préfèrent l'utilisation de la soie pour ses qualités isolantes, afin de ne pas disperser la charge du talisman Toutefois le coton ou le cuir est convenable.

LE RETOUR À LA TERRE

Lorsque votre talisman aura accompli sa tâche ou que vous voudrez vous en départir et rendre la charge inopérante, vous le retournerez à la terre en l'enterrant dans le sol. À défaut de l'enterrer, vous le brûlerez et jetterez les cendres aux quatre vents.

Les talismans suivants sont présentés avec leurs analogies quant à la planète, le métal et la couleur planétaire respective.

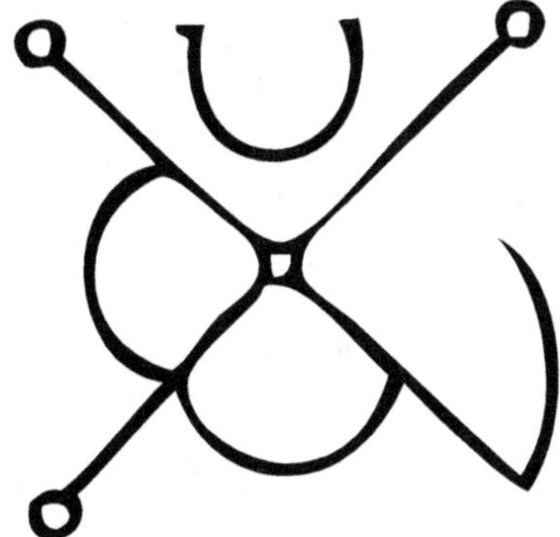

11	24	7	20	3
4	12	25	8	16
17	5	13	21	9
10	18	1	14	22
23	6	19	2	15

Analogies: Mars, fer, rouge

Talisman de la planète Mars. Utilisez-le lorsque vous désirerez baigner dans les énergies martiennes. Ce talisman prédispose son possesseur à l'ardeur et à la force sexuelle. Le carré magique de Mars sera tracé d'un côté, et son caractère sera tracé sur l'autre surface.

Analogies: Mars, fer, rouge

Talisman invoquant les esprits de Mars. Utilisez-le lorsque vous désirerez mettre fin à une relation amoureuse, qu'elle soit la vôtre ou celle d'un autre couple. Toutefois, prenez garde car les esprits de Mars peuvent inciter aux querelles et à la colère.

Analogies: Soleil, or, jaune ou doré

Talisman Solaire. Utilisez-le lorsque vous désirez obtenir une certaine invisibilité face aux prétendants récalcitrants, ou lorsque vous voudrez passer inaperçu aux yeux de votre ex amoureux.

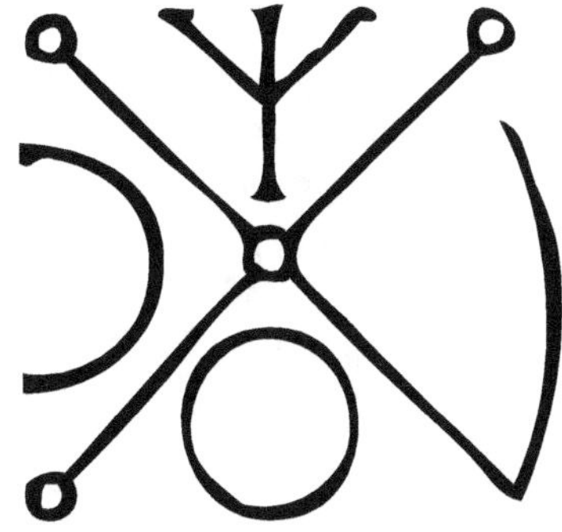

Analogies: Vénus, cuivre, vert

Talisman de la planète Vénus. Utilisez-le lorsque vous désirerez baigner dans les énergies vénusiennes. Ce talisman apporte l'amour à son possesseur, l'entente et l'affection entre les époux. Il éloigne les manoeuvres de l'envie et de convoitise. Si vous faites boire à un ennemi un liquide quelconque dans lequel ait trempé le talisman de Vénus, la haine de cet ennemi se transforme en affection et dévouement a toute épreuve. Le carré magique de Vénus sera tracé d'un côté, et son caractère sera tracé sur l'autre surface.

Analogies: Vénus, cuivre, vert

Talisman invoquant les esprits de Vénus, dont Nogahiel, Acheliah, Socodiah et Nangariel. Pour les causes de l'amour en général.

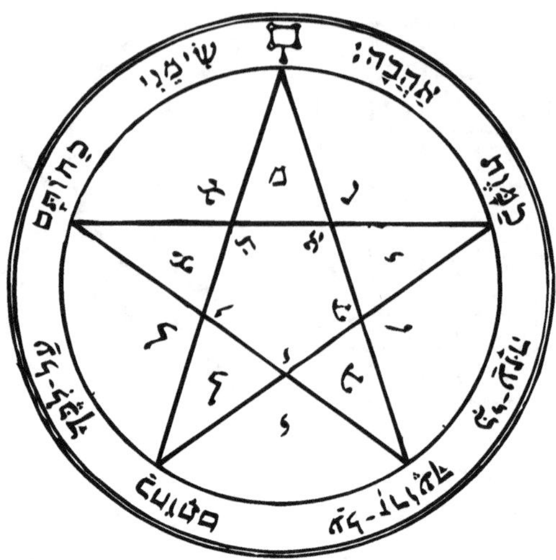

Analogies: Vénus, cuivre, vert

Talisman de Vénus pour obtenir les grâces et les honneurs des personnes que vous aimez. Ce talisman provoquera chez ces personnes le désir d'accomplir tout ce dont vous désirez.

Analogies: Vénus, cuivre, vert

Autre talisman de Vénus. Ce talisman doit être vu par la personne dont vous désirez obtenir l'amour. L'esprit Monachiel doit aussi être invoqué au jour et à l'heure de Vénus, à 1 heure ou 8 heures.

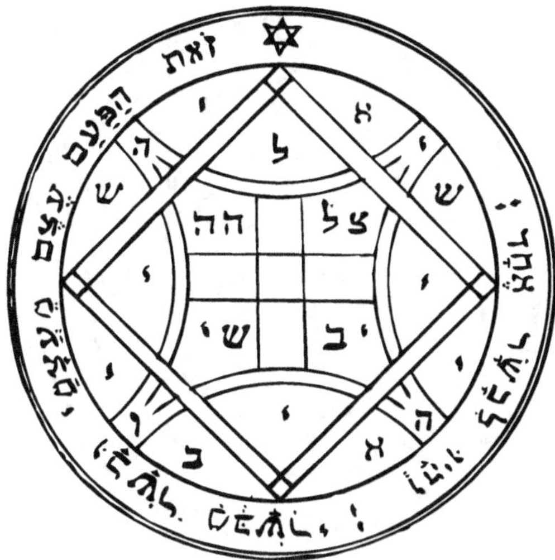

Analogies: Vénus, cuivre, vert

Puissant talisman de Vénus. Ce talisman contraint les esprits de Vénus à obéissance de façon à forcer quiconque de votre choix à venir vers vous sur l'instant.

Analogies: Vénus, cuivre, vert

Talisman Vénusien. Quand ce talisman est présenté et vu par la personne désirée, il incite de façon exceptionnelle à l'amour et à l'excitation.

Analogies: Jupiter, étain, bleu

Douzième Sceau Goétique. L'esprit Sitri, lorsque évoqué par ce sceau enflamme le coeur des hommes et des femmes. Il cause chez les personnes visées l'envie de se montrer nues si cela est désiré par l'opérateur.

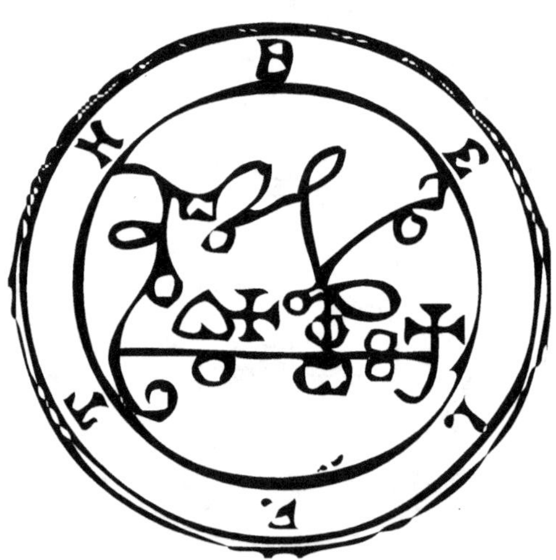

Analogies: Soleil, or, jaune ou doré

Treizième Sceau Goétique. L'esprit Beleth, lorsque évoqué par ce sceau procure à l'opérateur l'amour de tous, hommes et femmes.

Analogies: Vénus, cuivre, vert

Quinzième Sceau Goétique. L'esprit Eligos, lorsque évoqué par ce sceau procure à l'opérateur l'amour de grandes personnes et personnalités.

Analogies: Vénus, cuivre, vert

Seizième Sceau Goétique. L'esprit Zepar, lorsque évoqué par ce sceau, fait naître l'amour entre l'homme et la femme de votre choix et les fait tomber amoureux. Il peut aussi les rendre stérile.

Analogies: Mercure, vif-argent, orange

Dix-septième Sceau Goétique. L'esprit Botis aide à réconcilier et mettre un terme aux querelles lorsqu'il est évoqué par ce sceau.

Analogies: Vénus, cuivre, vert

Dix-neuvième Sceau Goétique. L'esprit Saleos, lorsque évoqué par ce sceau procure l'amour des hommes aux femmes et l'amour des femmes aux hommes.

Analogies: Mercure, vif-argent, orange

Vingt-cinquième Sceau Goétique. L'esprit Glasya-Labolas, lorsque évoqué par ce sceau transforme en amour l'amitié et la haine.

Analogies: Mars, fer, rouge

Trente-quatrième Sceau Goétique. L'esprit Furfur, lorsque évoqué par ce sceau il consent à dépêcher l'amour entre les hommes et les femmes.

Analogies: Vénus, cuivre, vert

Quarante-septième Sceau Goétique. L'esprit Uvall, lorsque évoqué par ce sceau provoque l'amitié chez toute personne choisie.

Analogies: Vénus, cuivre, vert

Quarante-sixième Sceau Goétique. L'esprit Gremory, lorsque évoqué par ce sceau fait naître l'amour entre les personnes de sexe opposé qu'ils soient vieux ou jeunes.

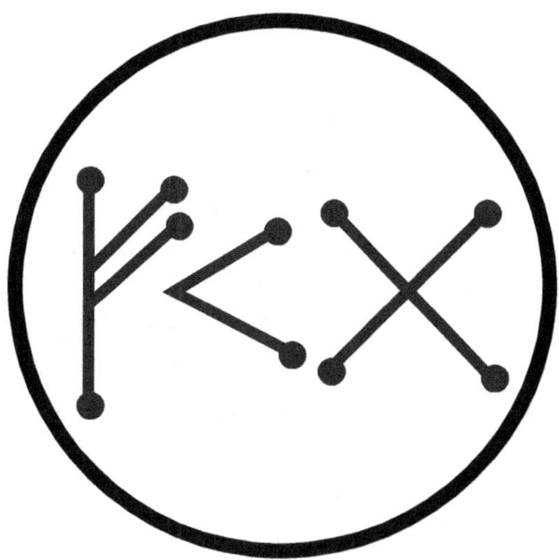

Analogies: Élément Eau, bleu

Ce talisman runique prédispose son possesseur à l'amour, aux rencontres favorables et à l'amitié. Les trois runes qui le composent sont Fehu, Kenaz et Gebo.

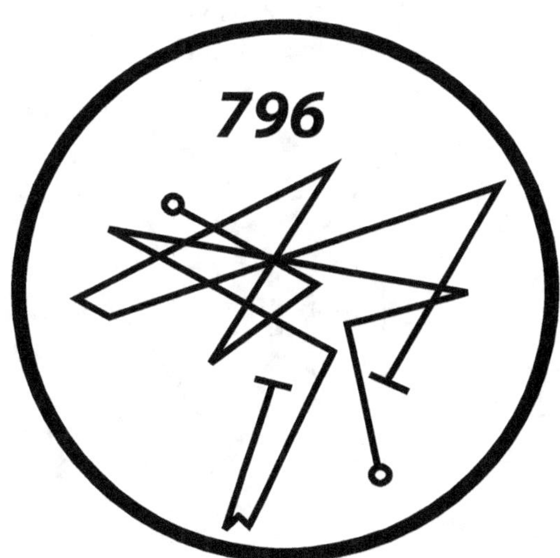

Analogies: Élément Feu, rouge

Ce puissant talisman symbolise les relations sexuelles. Lorsque préparé convenablement, ce talisman favorisera et provoquera les rencontres et situations qui seront vouées aux relations et plaisirs sexuels.

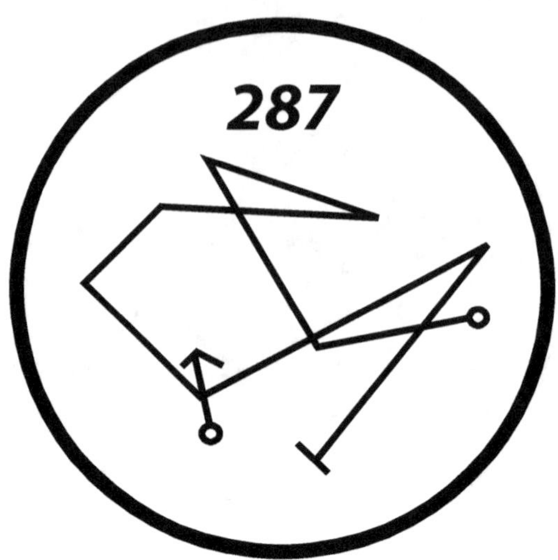

Analogies: Élément Feu, rouge

Ce talisman symbolise la séparation. Lorsque préparé convenablement, ce talisman favorisera les ruptures des couples désirés et les querelles. Vous devrez cependant cacher ce talisman dans la demeure du couple, ou à la rigueur dans l'une ou l'autre des demeures si le couple ne vit pas sous le même toit. Prenez garde, car l'utilisation de ce talisman risque de causer d'énormes dettes karmiques.

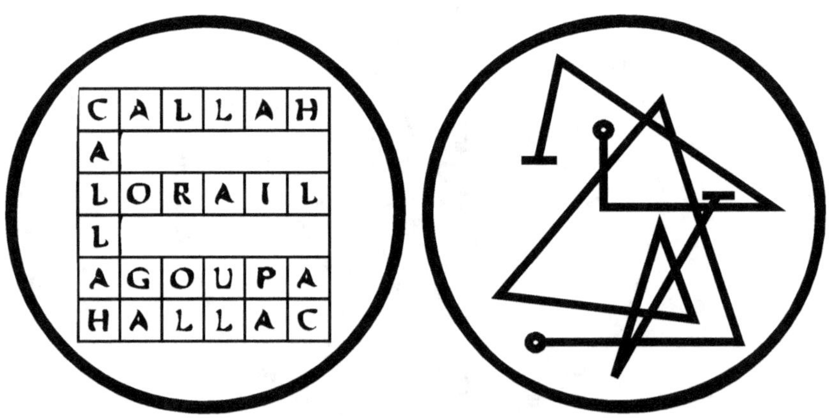

Analogies: Élément Feu, rouge

Ce talisman procure à l'opérateur l'amour et les faveurs des personnes mariées et déjà en couple.

Analogies: Élément Eau, bleu

Ce talisman symbolise l'attirance physique. Lorsque préparé convenablement, ce talisman provoquera favorablement le regard des étrangers. L'opérateur sera perçu d'une manière plus attirante et saura plaire d'avantage, facilitant l'approche et les rencontres amoureuses.

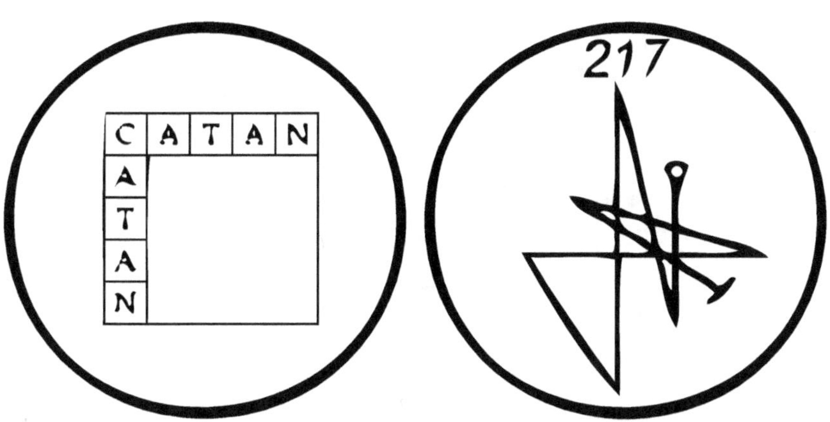

Analogies: Élément Feu, rouge

Ce talisman symbolise les relations extra-maritales. Lorsque préparé convenablement, il favorisera l'opérateur aux adultères en général.

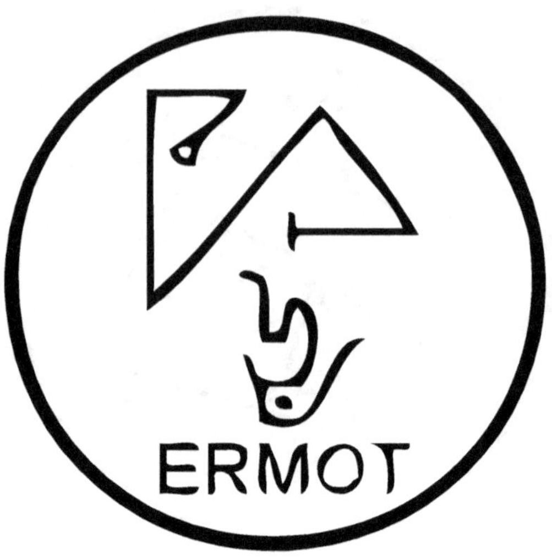

Analogies: Élément Eau, bleu

Ce talisman, lorsque préparé convenablement, favorise les mariages. Il est excellent pour les relations amoureuses à long terme, basées sur l'amour profond, la famille et le mariage.

9 782898 066399